医師が発見した色のヒミツ

色に聞けば、自分がわかる

医学博士
春田 博之

現代書林

あなたの好きな色は？

直感で選んでください

カラーフラワーで見る、
好きな色と相性の関係図

まんなかの丸がアナタ、
花びらがアナタの周りの人です。
さて、アナタの気になる人との相性は？

好きな色で選んでください!!

◎ とても良い相性
○ 良い相性
△ まあまあの相性
× あまり良くない相性

※次ページを参照してください。

前ページの図の解説

カラーフラワー

花びらが
あなたの周りの人

白、黒、グレー、茶色の好きな人は
　その次に好きな色で判断してください。

ピンクの好きな人は
　淡いピンク→紫
　ショッキングピンク→赤紫
で判断してください。

注意：同じ色の取り合わせでも、中心になる色が変われば、相性も変わってくることがあります。

補足

赤の人が黄緑の人に働きかけるとき、両者の目標が一致しているときは○ですが、目標が異なってくると、×になります。
そこのところに、気をつけて。

赤紫の人が、緑の人に働きかけるとき、緑の人の話しを聞いてあげたり、親切にしているうちはとってもいい関係です。
しかし、赤紫の人の要求に緑の人が充分に応えないと、関係は一挙に悪化、手のひらを返したように×になります。

その他は本文をご参照ください。

はじめに

頑張っているのに、思い通りにいかない。どうも、いつも同じ失敗をくり返してしまう……。

気を遣っているのに、職場や学校で、周りの人たちとうまくやっていけない……。

恋愛だって、なかなか相性バッチリの人にめぐり会えない……。

友達に相談しても、本を読んでも今一つスッキリしない、そんな悩みをあなたも一つや二つは抱えていると思います。

行き詰っているとき、たいていの人は「こうしたらこうなるはず」と、理屈でものを考えがちです。でも現実には、なかなかその通りにはいきません。ケータイやPCのマニュアルのように、誰でも同じようにできる、というわけにはいかないのです。

どうしてでしょう？　それは人それぞれ、考え方や感じ方が違うからです。「当たり前じゃない」と思われるかもしれませんが、自分が普段どんな風に考え、感じているかといった「考え方、感じ方のクセ」は意外とわかっていないもの。人から指摘されて初めて気づいた、という経験もあるのではないでしょうか？

逆に言えば、それがわかっている人は、相手と自分との違いも容易に理解できますから、人間関係もうまくいきや

すく、「こんなはずではなかった」という場面をうまく避けることもできます。

でもどうしたら自分のことってよくわかるようになるんだろう……？　気になりますよね。

実は、そのヒミツは「色」が握っていたのです！

私は、医師として今までたくさんの患者さんと接してきた経験から、「色でその人のことがわかる」ということを発見しました。

最初は、患者さんの体調と好きな色との間に関係がありそうだ、というところから興味を持って追求したのですが、健康だけではなく、その人の人となりすべてが、色で説明できるということがわかったのです。

思うようにいかない、うまくいかない原因は、「色の世界」にヒミツがあるのです。これを知っておけば、ムダな努力や見当外れの頑張りも不要になるのではないでしょうか。

ちなみに、色の世界といっても、ちっとも難しいことではありません。みなさんが好きな色、普段のファッションやインテリアで取り入れている色、そんな身近な色が、実はあなたのココロやカラダの声を代弁してくれているのです。

私は平成13年に春田クリニックの院長になってから、いろいろな患者さんとの出会いの中で、色と気分、そして健康の関係について話を伺ってきました。すると、好きな色はいつも同じというわけではなく、その日の体調によって変わるらしいということもわかってきました。
これは裏を返せば、「色」はいつも何らかのメッセージを発しているということです。そして、それをうまくキャッチして利用することができれば、私たちはもっとラクに、そして楽しく、人生を送れるようになるのです。

そのことをある程度体系化したのが、この本です。これを読めば誰でも、自分の好きな色、あるいはその日気になる色をもとに、今の自分の傾向をつかむことができます。
今まで、どうも人間関係がうまくいかなくて悩んでいたり、自分に合った仕事や勉強法がわからなかったり、という人には、特に、この「色」をもとにした行動や考え方のアドバイスが役に立つと思います。
一方、今は別に悩みはないけれど、自分のことをもっと知りたい、という人も気軽に親しんでいただけるような内容にしました。
血液型の本を読むようなつもりで、楽しみながら理解していただけたら、との思いで、要点を踏まえつつも、できるだけシンプルにまとめています。
充実した人生を送るためにも、色が発しているさまざまなメッセージを、この本から受け取っていただければ幸いです。

春田クリニック　院長　春田　博之

Contents
色に聞けば、自分がわかる

第2章
好きな色でバッチリわかる
あなたのベストパートナー

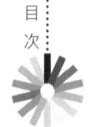

プロローグ　好きな色を選ぶとき

色と性格はリンクしている

あなたの好きな色は何ですか？　そう聞かれたとき、人はたいてい直感で答えるはずです。

よく着る服の色、持っているケータイの色、アクセサリー、部屋のインテリアやそこに飾る花……身の回りのさまざまなものや場所が、すべてバラバラの色、ということはあまりありません。

気分や雰囲気を変えたいと、あえていつもと違う色を使うこともあるでしょうけれど、普段の生活の中では、できるだけ自分の好きな色に囲まれていたいものです。

好きな色というのは、好きな味や好きな香りと同じように、理屈で説明できるものではなく、もっと深い、本能にも似た、感覚的なものが大きく関わっていると私は思っています。

人が直感で「この色は好き、この色は嫌い」と思う背景には、過去の経験と、そこから得たものの考え方や感じ方が深く関わっていると思います。一方で人間の性格も、先天的に受け継いだ気質と、過去の経験や環境で培われた後天的なもので形成されていきます。

これらのことから私は、直感で選ぶ好きな色が、その人のベースにあるものの考え方や感じ方、そして性格も、言いあらわしているのではないかと考えたのです。

実際に、私は自分のクリニックで、初診の患者さんにタイミングを見はからって、好きな色をお伺いすることにしています。好きな色を聞くことで、初対面にもかかわらず、その人の人となりや健康上のお悩みなどの特性を、だいたいつかむことができるからです。

それをお話すると、みなさん「当たっている」とびっくりします。クリニックではみなさんご存じのように、初診の前に自覚症状や過去の病歴、普段の生活習慣、今飲んでいる薬などの問診を行います。これらは診断に必要な情報とはいえ、ときとして細かい質問におよび、答えるのが煩わしいと思っている人も少なくないでしょう。

でも、「好きな色」については、そうは思わないようです。

今までそれを聞かれて嫌がる患者さんは一人もいらっしゃいませんでしたし、むしろ嬉しそうな顔をされる方がほとんどでした。

自分と他人との関係も色でわかる

好きな色によって性格がわかる、ということは、色さえわかれば自分と別の誰かとの性格の違いや、相性もわかるということです。

今までに、「何となくウマが合わない」「あの人は自分とは違う」と人に対してそんな思いを抱いたことは誰でも一度はあるでしょう。

そんなとき、それは性格が違うからだ、といってしまえばそれまでですが、色別に性格の傾向を知っておけば、おのずと対処法も見えてくると思いませんか？

　少なくとも、ただ性格が違うから、と距離をおいてしまうよりも、何かのついでに好きな色を聞いておいて、その色に特徴的な性格の傾向を知っておくというだけでも、人間関係で振り回されたりイヤな思いを引きずったりというストレスが少なくなると考えています。

　恋愛関係も同様です。気になる人との相性はもちろん誰でも知りたいところですが、好きな色の持つ特性を知っておけば、自分や相手の恋愛に対するスタンスや、どんな関係が心地よいかの恋愛スタイルもつかめます。

　そうすれば、すれ違いやぶつかり合いといった、恋愛につきものの試練も上手に乗り越えられ、ステキな恋愛ができるのではないかと思うのです。

　人間関係だけではありません。仕事や学業・勉強法といった人生に大きく関わる事柄も、好きな色で自分の得意・不得意、向き・不向きがある程度つかめるのです。

　今まで「頑張っているのに思うような結果が出ない」「自分に向いた仕事がわからない」と悩んでいた人も、好きな色と照らし合わせれば、今後進むべき道筋が見えてくるのではないかと思います。

　こうしてみると、好きな色とその特性を知ることは、「自分自身を知る」ということにほかならない、ということがわかってきます。

色と人間関係

依存関係

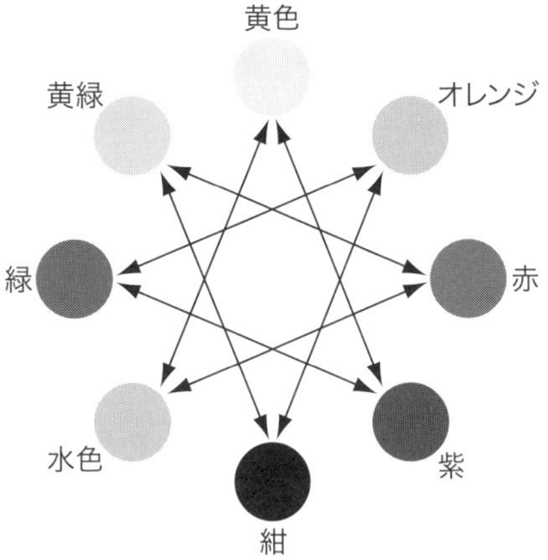

あこがれ関係

自分に無いものを求める。
ただし、赤と緑は互いに認めつつも反発することがある。

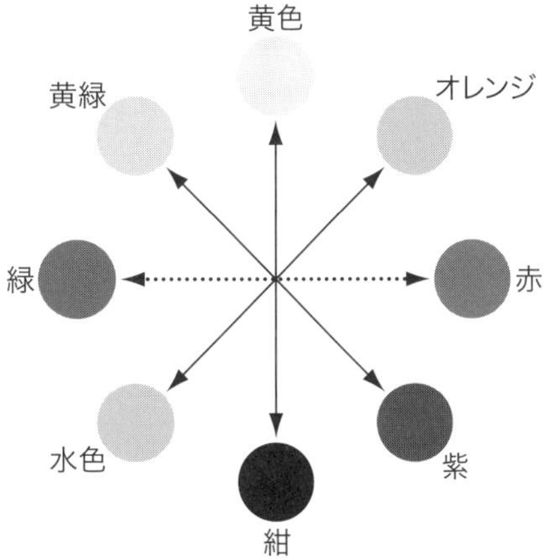

友好関係

赤は赤紫、赤紫は紫とが良い。

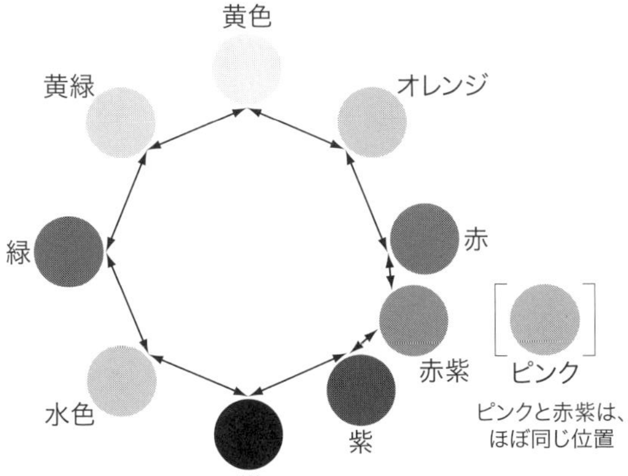

補足

★白や黒やグレーの好きな人はその他の好きな色で判断してください。
★白が好きな人は、複数の色が好きな人が多く判断が難しいかもしれませんが、白の次に好きな色で判断してください。
★茶色の人はどの色の人とも、可もなく不可もなくの関係です。
★赤紫、ピンクの好きな人は本文を参考にしてください。

色で健康状態もわかる

さて、自分のクリニックで患者さんに好きな色をお伺いしていて気づいたことがあります。それは、好きな色を選んでいるつもりでいても、実はそうでない場合もある、ということです。

たとえば、ある患者さんがこんなことを言ったことがあります。「いつもはオレンジが好きなのですが、今日はなんだか、オレンジがきつく感じるのです」と。

いつもは好きなのに、今日は受けつけない、あるいは別の色が気になる、というようなことは、みなさんも思い当たるのではないでしょうか。

実は好きな色というのは、その日の体調や気分によっても変わってくることがあります。詳しくは第５章でお話しますが、世界の伝統医学の中に、人間の体と色とを対比させた理論を持つものがいくつかあります。

これは昔から、色と健康との関連を体系づけて説明しようとする動きがあったことを意味しています。つまり、色は人間の健康にも深い関わりがあるといえるのです。

私のクリニックで実際にあった例をご紹介しましょう。

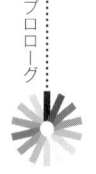

ある日、80代の男性が、前の晩、突然心当たりのない不安感に襲われた、と訴えてきました。「先生、どこか悪いんやろか？　気になってしょうがない。今でもその不安感が続いている」とおっしゃるのです。

その患者さんは狭心症の持病があったため、もしかしたら心臓に何か異常が起こったのかも、と思い心電図をとることにしたのですが、「いや、待てよ」私はピンときて、検査前にその日気になる色を尋ねてみたのです。そうしたところ、こんな言葉が返ってきました。

「今日はオレンジやな。いつもは黄緑やのに……」実はオレンジは、腹部の不調を暗示する色なのです。そこで私はお腹の調子が悪くて気分がすぐれないのだろう、と予想しました。

心電図をとってみたものの、やはり異常はなし。そして検査直後にこの患者さんはトイレに行き、「ちょっと、下痢気味ですわ……」と帰ってきたのです。

つまり、色による見立てが見事に的中したというわけです。私はその患者さんに整腸剤を処方し、様子を見るようにお伝えしました。すると翌日には「先生もう、大丈夫や」とニコニコ顔で報告しにきてくれたのです。

色は言葉より雄弁?

このように、色は人の心身の状態を、いとも簡単に教えてくれます。ともすれば、症状を訴えている本人でさえ気づいていないことを教えてくれることだってあるのです。

もし、このとき、心電図には異常がないので「不安神経症でしょう」などと診断をくだし、整腸剤ではなく精神安定剤を処方していたとしたら、この患者さんにとってはまったく見当違いとなってしまったことでしょう。

この方の場合は顔なじみでしたが、初診のときなどは、患者さんが、自分の生い立ちや生活状況、家族構成を、初めて会う医師に、明快に説明するのはとても難しいことだと思います。それは、言葉で説明しなければならないからです。「体調が悪い」「だるい」「疲れた」と一言でいっても、人により感じ方はまったく違います。それをできるだけ細かく話し、自分の状況を医師にわかってもらうというのはなかなか大変なことですし、医師としても、言葉や見た目だけでは、その人が本当に困っていることまで、短時間で見抜くのはたいへん難しいことです。

でも、色はそれを優しく、素直に教えてくれるのです。

ちなみに、たとえば同じピンクでも、体調が悪いときには暗い紫がかった色に、逆に体調が良いときには薄い透明感のあるピンクにというように、「トーン」が変わることも経験上わかっています。

先ほどの例で、オレンジがきついと感じた方は、茶色がかったより落ち着いた色の方がその日はしっくりくる、と言っていました。もし体調が良ければ、シャーベットオレンジのような明るいトーンを選んでいたかもしれません。

以上のようなことを知っていれば、好きな色がいつもと違っているときに、自分の体調や気分の変化をいち早く察知できるでしょう。

色によって、恒常的に注意が必要な疾患や体の部位も、ある程度区別できますので、それらを知っていつもケアするよう心がければ、大きな病気や不調を避けることに役立つと思います。

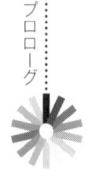

好きな色は、ずっと同じではない

色が発するメッセージは、これだけではありません。

数年前はシックな茶色が好きだったのに、今は明るいピンクが好きといったように、過去と現在とで好きな色が違っている、ということもあるでしょう。環境や、それにともなう自分自身の変化によって、好みの色は変わってくることがあるのです。

患者さんの一人に、70 代の女性がいます。その人は初診時、シックな感じの赤が好きだとおっしゃっていたのですが、ご主人を急な病で亡くされてから、好みの色がガラッと変わってしまったのです。どんな色に変わったかというと、それは、たいへんビビッドなピンクだったのです。

実は、こうした変化はこの方一人ではなく、数名に見られました。高齢の女性が伴侶を亡くされた後によく見られる現象のようです。ご主人と一緒にいるときはシックな色で、亡くなられたあとはビビッドな色が好きになるのです。

これが男性ならそうはなりません。むしろ逆のパターンが多いようです。これはどう解釈していいのやら、男性としてはちょっと、複雑な気持ちになります。

ここで重要なのは、人が好きな色を選ぶとき、自分が落ち着く色を好きな色として選んでいる場合と、こうありたいと希望の色として選ぶ場合があるということなのです。

ご主人を亡くされた女性たちがビビッドな色を選ぶのは、一人になって、自由を楽しもうというお気持ちが湧いてくるからだと思います。女性は強く、たくましいですね。

さあ、好きな色で「あなた自身」を知ろう!

次章から、みなさんにとって普段関心の高い項目別に、代表的な 14 色について、その特徴や今後のアドバイスなどをまとめました。

まずは巻頭にあるカラーチャートを見て、直感で好きな色を選んでみてください。できれば、一色だけではなく、一番好きな色と次に気になる色の二色を選ぶと、自分をより深く知る助けになるでしょう。

一番好きな色があなたの基本となる特徴をあらわし、二番目に選ぶ色はあなたが「そうなりたい」と思っている姿をあらわしていることが多いのです。

繰り返しになりますが、好きな色、気になる色はいつも同じとは限りません。その日の体調や気分、また長い目で考えれば環境や生活の変化に応じて変わります。

ですから折にふれてこの本を開き、「その日の自分」を知る手がかりとして、色選びをしてみるといいでしょう。そしてさまざまな色が発するメッセージに、ぜひ耳を傾けてみてください。

好きな色でバッチリわかる

相性のいい人・よくない人

第1章

紺の人は努力家。力になるのはオレンジ

紺はOcean blue。生命をたたえた海の色、すべての始まりの色です。紺の人は一つのところにとどまり、一つのことに打ち込むのに向いた人が多いようです。

でもその反面、柔軟性に欠ける面もあり、なかなか違う考え方を受け入れることができません。

オレンジのユーモアに救いを

そんな紺にとって、一番の理解者になってくれるのはオレンジ。ともすると頑固一徹になりがちな紺に、持ち前のユーモアで明るさをもたらしてくれます。

疲れたとき、さびしいとき、あなたがもっともくつろげる相手かもしれません。気分が落ち込んだときには、オレンジの人に助けを求めると良いでしょう。

黄色とも好相性。迷いが生じたときに広い視野を与えてくれ、的確な判断を示してくれるでしょう。

寒色系からエネルギーをもらって

水色、緑、黄緑は、紺が前に進むためのエネルギーを与えてくれる人です。

水色は紺が行き詰まったときに、新しい空気を吹き込んで

くれる存在。緑からは今まで気づかなかった視点から、力を注ぐべきポイントが学べるでしょう。

黄緑の人は行動が素早く、そのスピードについていけなくなることもしばしばですが、その意欲に刺激を受け、何とか助けてあげたいと思うものです。

紺の人は一度決めたらその意思を曲げることはめったにありません。黄緑の人についていき、サポートする形で、結果的に自分も成長することにつながります。

紫の人もあなたの良い味方に。マイペースの紺をそっと見守ってくれ、相談相手になってくれるでしょう。紫の人はファッションをはじめセンスが抜群にいいので、そういう面でのアドバイスも役に立ちます。

赤や赤紫とは距離を置いて

一方、赤とは一定の距離を置いた方が無難かも。赤は実績重視で何でもすぐ行動に移したい方なので、ゆっくりじっくり物事にとりくみたい紺には負担に感じられるのです。

ペースを乱されないよう気をつけて。

赤紫との相性はそう悪くはありませんが、その関係は赤紫の気分に左右されます。

もし赤紫が落ち込んでいたり、イライラしていたりなどのマイナスの感情をぶつけてきたら、動じずじっくり構えて接しましょう。

水色は夢見る人。力になるのは赤

水色は aqua blue。澄んだ爽やかな青は夢と希望を象徴します。

水色の人は無限の可能性を信じ、いつも前向き。好奇心旺盛で見聞が広く、情報収集力も備わっています。

その反面、理想と現実とのギャップに悩みやすく、それが夢の実現への足かせになることも。しっかりと地に足をつけ、実力を蓄えるねばり強さが必要です。

気の合う寒色系同士でやる気アップ

あなたの助けになってくれるのは、紺や緑、黄緑の人。

地道ながらも実行力のある紺は、あなたが集めた情報を十二分に活用し、夢の実現へと導いてくれるでしょう。

また豊かな発想力のある緑は、情報に基づき新しいアイデアを出してくれます。意欲旺盛な黄緑と一緒にいるとやる気が湧いてきて、物事がどんどん前に進みそう。

ただ、緑や黄緑の人とばかり行動をともにしていると、実績がなかなか出なかったり、思わぬ落とし穴に足をすくわれたりすることも。

これらの色は、目先の目標にとらわれがちで、大局をつかむのは苦手という一面もあるからです。物事をより着実に進めていくためには、暖色系の人と上手に付き合うことも大事です。

悩み事の相談は暖色系に

アクティブな黄色やオレンジ、赤の人も、あなたに行動力を与えます。現実的な判断のできる黄色は、あなたがなかなか気づかない落とし穴を事前に察し、忠告してくれますのでちゃんと耳を傾けて。

行き詰まったときにはオレンジの人に悩みを打ち明けると良いでしょう。あなたの思いを真正面から受け止め、打開する気力を与えてくれます。

赤の人は、あなたが何か始めたいときに最初に相談する相手として最適かもしれません。実績重視の赤は、今取り組んでいることがよい結果につながりそうになければ、ぴしゃっと進言してくれるでしょう。

あなたにとって少々耳の痛いことを言うかもしれませんが、現実を見つめ理想とのギャップを埋めるには大切なこと。じっくり話を聞きましょう。

人の気持ちを察するのが得意な赤紫の人は、あなたが人間関係のトラブルに巻き込まれたときに、味方となってくれるでしょう。

今置かれている立場を包み隠さず打ち明ければ、心の支えとなってくれて、良い人間関係を築ける相手になります。

緑は創造力あふれる人。力になるのは黄色

緑の人はforest green。深い森、木々の息吹の色です。

思慮深く、物事の本質をついた意見やアイデア、創造力を発揮します。その反面、自分の世界に閉じこもりがちで、何を考えているかわからないと思われてしまうことも。周囲との交流も積極的に持ち、リフレッシュすることが大切です。

黄色の助言はよく聞くこと

行動派の黄色やオレンジの人は、あなたのアイデアをすぐ実行に移してくれるよきパートナーになるでしょう。黄色は何でもソツなく、てきぱきこなす人。

でも緑の考えていることが非現実的だったり、メリットがないと判断したら即、否定に転じます。でも、そこで腹を立てたりせず、助言に従って計画を見直してみましょう。

オレンジの人は、ときに現実離れしている緑の発想を、実現可能になるようアドバイスしてくれます。考え込みがちな緑を励まし、気持ちを盛り上げてくれるのもオレンジならでは。同じ暖色系でも赤とは、基本的に対立の関係に。理想を追う緑に対し、赤は実績重視なので、ぶつかりやすいのです。

ただ、お互いの持ち味を認め合ったうえでタッグを組めば、思考と実行がともなう最強のコンビになるでしょう。

寒色系は良きブレーンに

一方、寒色系の紺や水色の人は、暖色系ほどの実行力はありませんが、ブレーンとしてあなたの考えをじっくりと検討してくれるでしょう。時間はかかってもベターな形であなたの夢を実現するのに欠かせない仲間になりそう。

紺は一見、何を考えているのかわからないこともありますが、実はどの色よりもあなたの夢やアイデアに感銘を受け、深い理解を示していることが多いのです。

また、緑と同じように夢と希望に生きる水色の人は、緑の人を慕い期待もしています。持ち前の情報収集力であなたにとって有益なヒントを与えてくれるでしょう。参謀として頼りになる存在です。

赤紫には話をするときに注意を

あなたの考えていることを、赤紫の人に話すときには注意が必要です。赤紫の人は緑の人の発想や創造力を、自分の理解がおよばないものと過大に受け止めてしまう傾向にあるからです。そのため、あるときはとても好意的だと思えば、あるときは手のひらを返したように批判的になるなど、アンビバレントな反応を示します。

しかしそれは、赤紫がとても細やかな心配りのできる裏返し。何を考えているのか、どう思っているのかにきちんと耳を傾ければ、突破口が見えてくるでしょう。

黄緑は野心家。力になるのはオレンジ

　黄緑の人は新緑の leaf green。上昇気流に乗って、心身とも爽やかに意気揚々としたスタイルが印象的です。
　その反面、それが空回りすると周囲へのいら立ちや怒り、焦りにつながることも。
　周りをよく見て状況判断し、人とのコミュニケーションを大切にすることが求められます。

イライラしたら、オレンジの力を借りて

　黄色やオレンジ、赤の人とは「似たもの同士」。
　実績を重視する彼らと行動をともにすれば、あなたにも成功がもたらされるはず。先を急ぎ過ぎてイライラするとき、オレンジのおおらかな優しさに救われそう。
　黄色はリアリストでもあるので、黄緑が浮かれているときのブレーキ役になってくれます。
　また、赤は実行力にすぐれていますが、結果を急いだり、物事の善し悪しを損得で判断する傾向があるので、黄緑の考えていることをきちんと理解しているかどうかはやや不安が残ります。日頃のコミュニケーションを密にして。
　同じ黄緑同士は良きライバル。切《せっ》磋《さ》琢《たく》磨《ま》してお互いを高めていきましょう。

水色や緑の力で新しい発想が

紫や赤紫の人は、一歩引いたところからあなたの行動を見てくれます。彼らの意見は的を射ているものも多いので、きちんと耳を傾けましょう。

特に紫は黄緑のサポート役として、影から支えてくれる重要な存在になる可能性があります。

水色や緑の人は、あなたの良きブレーンとなってくれそう。水色は交友関係が広く、情報収集力にすぐれているので、あなたの役に立つ情報を与えてくれる存在になります。

緑は発想力や想像力にすぐれており、次々と新しいアイデアを思いつきます。一方、黄緑はそれを実行する意欲に満ちています。

ですから、この二つの色がタッグを組むと、一人ひとりばらばらにいては決して生まれない、新しいムーブメントを起こせる可能性が広がるのです。

ただ、どちらの色も弱点となるのは「効率の悪さ」。一つの結果を出すのに遠まわりし過ぎてしまう傾向があり、どちらの色もそれにあまり疑問を持ちません。

ですから、実行までに時間がかかってしまうこともあるのです。物事をよりスピーディかつ着実に進めていくには、ほかの色の人たちの意見も聞きいれて、より多くの人を巻き込むことがキーポイントになってくるかもしれません。

黄色は元気で器用な人。力になるのは紺

黄色の人はみんなの太陽です。いつも元気いっぱいのムードメーカーで、何でもそつなくこなせる器用さも持ち合わせています。

その反面、周囲の人の悩み事が今ひとつ理解できず、悪気はないのに無神経な言動をとってしまうことも。

自分と他人は違うということをふまえて、思いやりを持つことも大切です。

人間関係のピンチを紺が救う

あなたの良き理解者は紺。懐が深いので、あなたが軽率な態度をとってしまったときも、それを温かく受け止めてくれます。

黄色にとって、もの静かな紺は少し物足らないと思えるかもしれませんが、あなたが自分の言動の不注意で孤立しそうになったときに、助けてくれる色ですから、大切にしましょう。また、水色の人もあなたの考えに同調し、役に立つ情報を与えてくれるでしょう。

似たもの同士のオレンジや赤の人とは一緒にいて疲れません。ただ赤はしばしば独断で行動してしまうので、それが黄色の思惑《おもわく》と違った場合は軌道修正が少しやっかいに。

指摘してもおせっかいと思われるだけのことが多いので、適度な距離をとり冷静に対処しましょう。

なお、黄色同士は、あまり言葉を交わさなくてもお互いのやりたいことがわかり、協力しあえる関係です。ともに切磋《せっさ》琢磨《たくま》、刺激しあえるので仕事仲間としては最適。

ただ、二人ともあまり深く考えることは得意ではなく、配慮が足らないと周囲の批判を受けることも。ほかの色の人の意見も参考にしながら進めていきましょう。

黄緑と組めば「ハツラツコンビ」に

一方、緑や黄緑の人とはコミュニケーションをよくとって、彼らの考えていることを十分理解するよう努力しましょう。

物事をまじめに重く受け止めがちな緑は、黄色のなにげない一言に傷ついてしまうこともあります。言ってしまう前に、相手の気持ちを考えて。

黄緑とは意欲に満ちたハツラツコンビとなり、物事を進めていくのに良い相手です。でも黄緑がやや暴走気味になると、それに振り回されやすくなることもあります。

その場のノリで、意欲のまま突き進むだけでなく、ときには立ち止まって冷静に、これから何をすべきか確認しあうことも大切です。

紫の人は、先を急ぐあまり雑になってしまいがちな面もある黄色を、細やかな心遣いで支えてくれます。アドバイスには素直に耳を傾けましょう。

オレンジは明るくて優しい人。力になるのは紺

オレンジの人は明るくて優しい、みんなの人気者。おだてられるとNOとはいえず、張り切るタイプ。ただし、物事に集中しすぎるあまり疲れをためることも多く、好不調の波を繰り返す人も。何事もほどほどに、が大切です。

暖色系とは適度な距離で

人当たりの良いオレンジですが、実は人とつるんだりグループをつくったりするのはあまり得意ではありません。そのため、何かと世話を焼いてくる相手には閉口してしまいます。

色のタイプでいえば、黄色や赤がそれにあたりそう。

どちらも良かれと思っていろいろ口を出してきますが、マイペースなところのあるオレンジにとっては、ペースを乱されると感じてしまいます。適度な距離を保ってつきあう方がいいでしょう。

紫の言うことには耳を傾けて

また、赤紫の人も、オレンジの言動やファッションなどについて気づいたことを何かと言ってきます。

少し煩わしいと思うかもしれませんが、中には、「その通り」と思われる事柄も含まれていますから、何でも適当に聞

き流してしまうと損をするでしょう。距離を置きつつも、相手の言うことは尊重して。

同じ気遣いでも、紫の人の方がより建設的なアドバイスをくれるかもしれません。紫の人は赤紫の人ほど感情を表に出さないので、何を考えているのか少しわかりにくい面もありますが、オレンジにとって負担にはなりません。言うことにはよく耳を傾けましょう。

紺は「いざ」というとき頼りになる存在

オレンジの人と相性がいいのは、ドライで思慮深い紺。

お互い必要以上に干渉せず、心地よい距離感を保ったつきあいができます。ただ決して表面だけのつきあいということではありません。

紺はちゃんとオレンジの性格をわかってくれています。「いざ」というときに頼りになる、心の許せる友人になるでしょう。

水色、緑、黄緑の人はオレンジが気づかない視点から話をしてくれたり、興味深い情報を持ってきてくれたりして、良い刺激を与えてくれます。

一方、一度親しくなるとべったり甘えてくる傾向のあるピンクは少し苦手。ほどほどのつきあいを。白に対しては自然体でふるまって OK。

逆にグレーに対してはオレンジの明るさが逆効果になってしまう可能性があります。

赤の人は情熱家。力になるのはオレンジ

赤の人はまず行動あるのみ。結果にこだわる一方で、効果のないものには価値を認めないという面もあります。

また、同じ赤でも、朝日のようにひたすら上昇志向のタイプと、周りを巻き込んで物事を強引に推し進めるタイプ、顔には出さないけれど闘志を秘めたタイプなどいくつかのタイプがあります。

人づきあいを円滑にしてくれるオレンジ

赤の人は、実は赤の人が苦手です。どちらも自分の世界を守りたいというのが建前ですが、その本音は、自分の利益や実績になることを相手に渡したくないというところにあるからです。そのため、お互いにあまり関わろうとしないのです。

それが高じて、コミュニケーション不足によるトラブルが起こることも。行動力は二人とも十二分にあるので、本来は他人を気にせず、自分の持てる力を発揮することに集中すれば、それぞれ良い結果を出すことができるのです。

ですから、お互いにあまり警戒せず、腹を割って話し、コミュニケーションをとっていくことが大事です。

黄色やオレンジとは、最初からうまく歩調を合わせることができそう。特に誰とでも仲良くなれるオレンジを味方につ

けておくと、ときに熱くなりすぎて、敵を作ってしまうこともある赤にとって心強いでしょう。気まずくなったときに、オレンジが周囲をなだめ、とりなしてくれるからです。

また、オレンジが交友関係を広げてくれるおかげで、赤がリーダーシップを発揮しやすい環境が整いやすくなります。

赤と同様、意欲にあふれ実行力もある黄緑とは気の合う仲間になりますが、黄緑は赤ほどには目的意識がなく、その場の「ノリ」でイケイケになる傾向もあり、それが赤を苛立《いらだ》たせることも。「自分と同じはず」と思い込まずに、こうした黄緑の特徴を理解し、良さを認めてあげましょう。

紺とは互いの良さを認め合って

一方、物静かでコツコツと物事に取り組む紺の人とは価値観が合わずに悩むことも。ただ紺の人は一つのことに打ち込み熟達していく「その道の達人」になる可能性の高い人。

お互いの良さを認め合い、気長につきあっていけばいい結果が導かれるでしょう。細やかな気遣いのできる紫の人にはつい甘えがちになりますが、紫の人は実は、赤の人に警戒心を抱いていることが多いのです。

物静かで感情を表に出さない紫の人にとって、赤の人の勢いや実績主義の考え方は少しついていけない部分もあり、気おくれするのです。ですから、紫の人と接するときには、決して感情をそのままぶつけたりしないように。重荷に感じてあなたの元から去ってしまいます。

赤紫は繊細な人。力になるのは赤

感受性が強く繊細な心を持つ赤紫の人は、周りに対して細やかな気配りができ、みなから一目おかれる存在に。

その反面、プライドの高い一面もあり、ないがしろにされていると思うとカッとなってしまうことも。

さっきまで笑っていたのに急に不機嫌になるなど、感情のコントロールがやや苦手で、「わかりにくい人」と思われてしまうこともあります。

影響を受けやすい赤のパワー

一緒にいて疲れない相手は紫の人。あなたの気持ちを静かに受け止めてくれるでしょう。でも、あまりあなたの気分の変動が激しいと、ついていけないと距離を置かれてしまいますので気をつけて。また、やはり落ち着きのある紺の人にも安らぎを感じます。

繊細で傷つきやすい赤紫は、「強さ」に憧れる一面があります。実行力のある赤や、豊かな発想力のある緑があなたの良きお手本になるでしょう。

赤の人は、良くも悪くも赤紫にもっとも影響力のある人。あなたに新たな気づきをたくさんもたらしてくれますが、言動のすべてがあなたにとってインパクトが大きく、心を乱されることもあるかもしれません。

赤の中でも、自分が一番と信じて疑わない人もいれば、人の話をきちんと聞いた上でふるまってくれるバランスのとれた人もいます。赤紫はできるだけ後者のタイプを味方につけると、ストレスなくつきあえるでしょう。

緑の人の創造力は、ときにあなたの理解を超え、「非現実的なことを言わないで」と、反発したくなることも。

でも一見、突拍子もないアイデアでも、よく話を聞けば理にかなっているものも多いのです。聞き役に徹して、気づいたことは冷静にアドバイスするよう心がけると、良い関係が築けます。

「冷静さ」が人間関係を良くするカギ

黄色やオレンジとは、元来相性はあまり良くありません。どちらもあまり悩みや悲しみといったネガティブな感情を表に出さず、明るくふるまうところが、あなたにとっては八方美人に見えて受け入れにくいのです。

でも、黄色やオレンジの人は決して赤紫に敵意を抱いたりはしませんので安心して。こうした色の特性をあらかじめ理解していれば、周囲にいてもストレスにはならないでしょう。

どの色の人に対しても、重要なことを話すときには、感情のままに接するのではなく、お互いに冷静なときを見はからって切り出しましょう。それを心がければ、ほかの色の人たちともうまくつきあっていけるでしょう。

紫の人は気配り上手。力になるのは黄緑

気配り上手の紫は、バランス感覚にすぐれたみんなの調整役。気まずいことや、行き詰まったことがあっても、周囲の話をよく聞いて、丸くおさめる能力にたけています。

でもその反面、心が優しいだけに、人に何かを頼まれるとイヤとはいえず、無理をして頑張ってしまいがち。その結果、体調を崩しやすいので、注意が必要です。

赤の言動は気にしすぎないで

気遣いのしすぎで疲れやすいあなたに元気を与えるのは黄緑の人。思い悩んでしまったときに、パッと前が開けるような言葉をかけてくれます。細かいところにとらわれない黄緑は、悩んでいる紫を勇気づけながら、先へ先へと引っ張ってくれることでしょう。

同じ行動派でも結果を出すことにこだわる赤の人には、少々振り回され、疲れさせられることも。

赤の人は熱意のあまり、きついことを相手かまわず言ってしまう傾向がありますが、基本的にはカラっとしていて根に持ちません。ですから、あまり気にしないことが大事です。

もともと人への気遣いが細やかな紫にとっては、受け流すくらいでもちょうどいいのです。

疲れたときには紺の助けも借りて

水色の人とは仲良しになるものの、あまり実のある人間関係にはなりにくいかも。水色はいつも大きな夢を抱いている人ですが実行力は今ひとつ。

対する紫も話の聞き役や相談役にはなれますが、その夢を実行に導くというタイプではありません。その場はいいのですが、発展しにくい関係です。

紺の人は紫にとって安らぎを与えてくれる相手になりそう。思慮深く他人を傷つけるような言動がないので、特に疲れたとき、一緒にいたい相手です。黄緑のような、気の利いた言葉は期待できませんが、あなたの気持ちをしっかり受け止めてくれるでしょう。

緑の人に対しては、紫は自信を与える才能を発揮します。やや孤立しがちな緑にとって、紫の人の細やかな気配りはとてもありがたいもの。サポート役に徹するとうまくいきます。

赤紫の人とは「似たもの同士」ですが、赤紫のプライドを傷つけると険悪に。そこさえ気をつければ良好な関係を築いていけるでしょう。

ピンクとの相性はいいでしょう。紫自身、悩みや気疲れから解放されてほがらかな気分になったとき、ピンクがかっているのです。つまりかなり似たもの同士といえるのです。

世話好きのピンクに、ときには甘えてみると気持ちがラクになるかもしれません。

茶色は懐《ふところ》が深い人。力になるのはオレンジ

茶色は横たわる大地の色。すべてを包み込み受け入れる器《うつわ》の大きさが持ち味です。ほかの人が慌ててしまうような場面でも動じず、どっしり構えているので頼もしいと人から思われているようです。また、感情の起伏も少なく穏やかなので、つきあいやすいとも。

でも一方で、その安定感が退屈だったり、何か物足らないような印象を、人に与えていたりしているかもしれません。

相性がいいのは「平和主義」の色

そんな茶色と相性がいいのは、オレンジ、黄色、ピンク。いずれも根は「平和主義」で、争いを好まず人とのつながりを大事にする色です。中でもオレンジはもっとも茶色に近く、似たもの同士で一緒にいて疲れないでしょう。

アクティブな黄色は、平凡になりがちな茶色の日常生活に良い刺激を与えてくれます。

またピンクは、ややあなたに寄りかかってくる傾向にありますが、それほど負担には感じないでしょう。

赤や黄緑には良きアドバイザーに

一方、赤や黄緑に対しては、少し価値観の違いに悩まされ

るかも。赤は自分の目的を達成するためには争いをいとわないタイプなので、そばで見ている茶色はハラハラさせられっぱなしに。黄緑は好戦的ではないものの、茶色にはやや自己中心に見えることも。

いずれも、テリトリーに踏み込んで争いの当事者になると茶色はつらい目にあいます。第三者として、冷静にアドバイスできるような立場ならうまくいくでしょう。

黒やグレーには安らぎを与えて

茶色の人がその魅力を発揮できるのは、黒とグレーの人に対してです。このタイプの人は、なかなか人との接点を持ちたがらないのですが、茶色なら心を開く、という場合が多いのです。

茶色の、誰でも平等に受け入れる懐の深さが、黒やグレーの人に安心感を与えるのでしょう。相談を持ちかけられたりしたら、積極的に乗ってあげましょう。

茶色と紺、紫は、一見どちらも大人しい似たもの同士のよう。でも紺は内に秘めた闘志があり、日々何となく過ごしてしまいがちな茶色には刺激になるでしょう。

紫は、はためには落ち着いて見えますが、心の中はいつも揺れ動いています。繊細で人への気遣いを欠かさないので、あまり自分がゆったりリラックスできているとはいえないのです。茶色の人はそんな紫が求めている安らぎを、与えることができるでしょう。

ピンクの人は甘えん坊。力になるのは茶色

人生で一番大事なものは「愛」と信じて疑わないピンク。

他人にもたくさんの愛情を注ぎますし、同じように他人からの愛情も求めています。それが度を超すと、常に自分を見ていてほしい、大事にしてほしいといったような自己中心的な依存に変わることも。

争いを好まず、みんなで仲良くやっていきたいタイプなだけに、ソリの合わない人にも無理に合わせようとしたり、その逆にどの人も自分と同じ考え、感覚だろうと思いこんだりして、集団の中で一人浮いてしまうこともあるので気をつけましょう。

茶色の落ち着きがピンクを安心させる

そんなピンクの良き理解者は茶色と水色。茶色は常に一歩引いた地味な存在ですが、ピンクと同じく平和を愛しています。茶色ならではの落ち着きがピンクに安心と幸福感をもたらすでしょう。

いつも夢と希望にあふれている水色は、愛情いっぱいのピンクにとっては一緒にいて心地よい相手。でも何か現実的なことをするには心もとないかも。ピンク同士も同様です。

黄緑との相性もまずまず。草木の葉と花の色の組み合わせ

で、一緒にいてバランスがいいのです。ただ、黄緑は何事にも意欲的な反面、現実とのギャップに直面するとイライラすることも。そこでピンクの優しさが発揮されれば、黄緑にとってなくてはならない存在になるでしょう。

緑に対しては一歩譲って

一方、緑の人はピンクにとっては「よくわからない人」になりがちです。ストレートな感情表現を求めるピンクに対し、緑は感情よりも思考優先で、ピンクに対しては何かと「諭《さと》す」ような口ぶりになりやすいからです。言っていることは正論なのですが、あまりピンクの心には響きません。

緑に対しては、ピンクの方が一歩譲って、感情ではなく「何を考えているか」の意見を言ってみると良い展開が期待できるかも。

赤や赤紫は、同じ色の系統でありながら、ピンクにとっては少し手ごわい存在になります。

赤は感情を表に出すという点では共通していますが、人との争いを好むタイプなので、ピンクは振り回されがち。適度に距離をとった方がベターです。

同じく感情表現豊かな赤紫は、ピンクよりも怒りや悲しみといったネガティブな面を強く出してきます。ただ、ピンクの言動や態度には基本的に親しみを持っていますので、もしグループの中で赤紫が孤立するようなことがあったら、仲介役を買って出るとすべて丸くおさまるでしょう。

白の人は完璧主義者。力になるのは紺

理想が高く、自分が納得するまで手加減しない白はいわゆる「完璧主義者」。自分にも他人にも厳しい一面があり、「なあなあ」のつきあいを好む人には遠ざけられるかも。何か一つの才能に恵まれた人も多く、それゆえに孤高の人と思われるふしもあります。

コツコツ型の紺は白のセカンド・カラーに

ただ、白が好きな人はそれだけが好きということはまずありません。白ともう一色、というように、複数選ぶことがほとんどです。そして私の経験上、多くの方が紺を選ぶ傾向にあります。何事にもじっくりコツコツ取り組む紺は、白に共感することも多く、お互いに気が合うでしょう。

また、何でもそつなくこなす黄色は、白の高い要求に対してストレスをあまり感じません。白も黄色の機転には一目置いていますので、衝突は少ないでしょう。

白同士、白&赤はキケンなコンビ!?

白同士は互いに切磋琢磨《せっさたくま》しあえる仲になりますが、二人だけだと極端な方向へ走っていく恐れも。ほかの色の意見にも耳を傾けて。赤とは、同じ目的に向かってタッグを組めば最強のコンビに。ただ、白同士のときと同じく極端な方向に行きやすく、周囲も止めにくい状況になる可能性も。

また、黄緑および緑とは、つきあいにくさを感じるかもしれません。黄緑は、意欲はあるものの、すぐ結果に結びつかないことも多く、気持ちが空回りしやすいのです。それが白には歯がゆく思えます。どちらも意気盛んなため、衝突することも。

緑は何事もゼロベースから試行錯誤しながら創り上げていくのが好きなタイプで、完成までに少々時間がかかります。

対して白は、最初から完璧さを求めるタイプ。その要求の高さについていけないことが多いのです。

オレンジも、意欲はありますが細かいところまで目配りできないので、それを白から注意されるとやる気を失います。つきあうときは、多少粗っぽいところには目をつぶる覚悟で。

「真っ白」よりも少し他の色を混ぜて

白の人は気分次第で、他の色が混ざることがあります。たとえば多少イージーな気分になればピンク、また人恋しくなるとグレーとウマが合いそう。

安らぎを求めるときには茶色のそばにいたいと思います。いずれにしても「真っ白」でいるよりは少し他の色を帯びた方が、人間味が増し、対人関係にはプラスに働くでしょう。

なお、黒とは正反対で相いれないように思えますが、お互いの極端な状態を補えるので、意外といい関係になれます。

グレーは孤高の人。力になるのは茶色

グレーは草木が燃えた後に残る灰の色。地面近くをただよい、風が吹けば舞い上がるものの、またやがて沈んでいきます。他人からは、どんな人なのか、何を考えているのか、たいへんわかりにくい人に見えます。

本人も、目的意識や、やる気に欠けることが多く、どうしたらいいか考えあぐねてしまうふしがあります。

また、病気が長引き体調も気力も落ち込んでいると、どんな色でもグレーに近くなってくることがあります。

茶色とは似たもの同士

そんなグレーが、一緒にいて落ち着けるのは茶色。お互い目立たぬようにしているのが好きなので、ストレスを感じません。また、紺の人は静かにグレーを見守ってくれるので、心のよりどころになるでしょう。

一方、紫の人はいろいろ気遣ってくれるものの、それがグレーには負担に感じることも。お互い気がねしながらの付き合いになってしまうかもしれません。

水色やピンクは「近い色」？

いつも夢や希望を語っている水色に対しては、なかなか前向きになれないグレーにとっては、少々煩わしいと感じることがあるかもしれません。

しかし、もしかしたらグレーのあなたにも、かつてこのような姿のときがあったのでは？

今は疲れていて何も考えたくなかったり、人との関わりを持ちたくなかったりしても、水色に自分と近いフィーリングを感じ、こうなりたい、と思えるようになったらしめたもの。

同様にピンクも、そのほがらかさや豊かな愛情表現に惹かれるものがあるのでは。それはかつてのあなたをその人に投影している可能性があるのです。

「疲れた白」に対しては良きアドバイザーに

さて、グレー同士は似たもの同士ではありますが、それだけにおのおの孤独を好むので、会話が弾みません。

一方、逆境に強い黒とは比較的好相性。心地よく生きていくためのヒントを学ぶ機会が多いでしょう。

また、白に対しては意外と良いアドバイザーになれる可能性があります。白は完璧を目指すあまり頑張りすぎて、しばしば燃え尽き症候群になり、そのときに気分がグレーに傾くのです。

頑張りすぎないよう、少し立ち止まったり休んだりした方がいいということを教えてあげることができるでしょう。

赤の人とはあまり関わらない方が無難です。グレーの乏しいエネルギーがさらに奪われるおそれがあります。

黒の人は再出発の準備中。力になるのは紺

黒は誰でも心のどこかに持っている色。大きな困難に直面し途方にくれたとき、また挫折を味わって何もする気になれないとき、人はこの黒を楯にして、自分を守ろうとします。

つまり、一度人生にリセットをかけて、新たな出発に備えるための色なのです。

リセットを……といっても、生きることそのものをやめてしまうという意味ではありません。一度立ち止まって、挫折を味わうまでに蓄積した怒りや悲しみといったマイナスの感情をクリーンにするのです。

そうすることで、隠れていた夢や希望を再び日の当たるところに出す、という作業が黒には必要なのです。

大病をしていわゆる「生きる気力がなくなった」という状態の人も、選ぶことの多い色です。

紺とは、わかりあえる間柄に

黒は自分を守る方にエネルギーを注ぎ、人との関わりまで気力が向かないことも多いのですが、相性がいいのは物静かな紺。深く自分を見つめ、コツコツ取り組む姿勢に共感でき、互いにわかりあえる部分も多いと思います。

また、黒同士もわかりあえることが多く、話が合うでしょ

う。話をすることで気持ちが安らぎ、ふたたび意欲を出すきっかけになればしめたものです。

また、ピンクは黒にとって癒しの存在に。ピンクの優しさが身にしみることが多々あると思います。

赤紫も、黒の話をよく聞いてくれますので、悩みを打ち明けるのにいい相手です。

一方緑は、感情面ではなく理性の面で、黒に良いアドバイスができる色。精神的に立ち直り、これから再始動というときに話を聞くといいかもしれません。

赤と黒は根っこが同じ!?

オレンジや赤といった暖色系の人とは、最初はつきあいにくさを感じます。一緒にいたくないと思うことも多いでしょう。ただ、オレンジは孤独になりがちな黒を、ごく自然に人の輪の中に入れる才能を持っています。その力を借りてみるのもいいかもしれません。

また、赤は勝ち負けにこだわる熱血漢なので、挫折を味わうと大きく落ち込み、黒になることが多い色。赤と黒は意外と根っこのところで通じ合うものがあるのです。赤が落ち込んでいるとき、黒は良いアドバイスができるでしょう。

意欲が先に立ち実行が追いつかないことの多い黄緑に対しては、焦りで消耗しないよう、忠告してあげることができます。大きなピンチを迎えたり、迎えてしまいそうなとき、挫折を味わっている黒の言葉が、大きな支えになるのです。

色の出会い

Iさんは29歳のOL。そろそろ結婚も考えたい。親の勧めで、お見合いを繰り返してきましたが、なかなかピンとくる男性に出会えません。彼女の好きな色は紺で生真面目な性格、なかなかお見合いのような堅苦しい場面で気の合う相手を見つけることができないのです。

もう、お見合いはやめようかなと思っていたある日、またお見合いの話がきました。今度の男性は堅苦しいのは嫌いなので、私服で会いましょうといってきました。Iさんもちょっと気がラクになり、当日はレモンイエローのシャツを着て行ったのです。すると、相手の男性も全く同じ、レモンイエローのシャツを着てきたではありませんか。二人は意気投合し、話はとんとん拍子に進み、めでたく結婚となりました。

後日、相手の男性の普段好きな色は緑だということが分かりました。でも、あのお見合いの日はなんとなく、レモンイエローのシャツを選んだのだそうです。紺と緑は相性が良く、そして、お見合いの日の気分が二人とも一致していたのですね。こんな素敵な色の出会いもあります。参考にしてください。

心の中に葛藤を抱え込んでいる人

心の中に葛藤を抱えている人の好きな色を聞くと、「赤と緑」とか「赤と紺」といった、ちょっと相性の悪い、相容れない二つの色を選ぶ人が多いように思います。赤と紺や緑は動と静で正反対の性質を持つ色です。その正反対の性質を自分の中に抱え込むのは、ちょっとやっかいなことなのです。

この場合、「もともと寒色系が好きで、マイペースで仕事などをこなしていきたいのに、ノルマに追われて急がされている状況が続いている」とか、「もともと暖色系が好きなのに、じっくりと腰をすえて取り組むべき課題があり、動きたいのに身動きできない」といった、自分にはちょっと苦手な状況を強いられているときに、こうした色の選択をしてしまうようです。

こういったときは、もともと寒色系が好きな人は、赤をオレンジのイメージに変えてみましょう。そうすると、少し明るい気分になり、ノルマも義務とは感じず、楽しみとして受け取れるきっかけになるかもしれません。

また、もともと暖色系が好きな人は、紺を南の海のアクアマリンのようなイメージに変えたり、緑を黄緑のイメージに変えてみましょう。そうすれば、いつまでもラチがあかないと思える課題にも光が差してくるように感じて、前向きに取り組めるようになると思います。

好きな色でバッチリわかる

あなたのベストパートナー

第2章

紺のベストパートナーは**黄色**

物静かで思慮深い紺は、恋愛に対しても基本は受け身。あまり自分からアタックせず、出会いを待つタイプです。

そんな紺と良い関係を築けそうなのは、とびきり明るく恋愛にも積極的な黄色。不器用なところもある紺を、そつなくリードしてくれるでしょう。また、小さなことで悩んでしまうこともある紺にとって、広い視野を与えてくれる人でもあります。あなたの「元気の素」になってくれるでしょう。

オレンジとも好相性。臨機応変の対応ができるので、紺が置かれた状況をすぐに察知し、フォローしてくれます。

ただ、オレンジは同性異性問わず人気者なので、あなたが嫉妬心を抱くこともあるかもしれません。一人占めしたいあまりにオレンジを束縛しようとすると、関係がこじれるもとになります。

赤とはお互いの時間を大切に

紫とは似たもの同士の穏やかな関係に。刺激的な恋愛にはなりにくいかも。

一方、赤と付き合うには少々忍耐が必要です。何かと行動派の赤についていけなくなることもしばしば。

いつもべったりではなく、お互い別々にいる時間も尊重できれば、うまくいくかもしれません。

水色のベストパートナーは**オレンジ**

　夢見がちな水色の人は、ときに現実とのギャップに落ち込んだり、今、すべきことがわからなくなってしまったりすることも。そんなときそばにいて、一番安らげるのはオレンジです。

　オレンジの人は、持ち前の明るさと懐の深い優しさで、水色を包み、悩みを忘れさせてくれます。また、水色よりは現実主義なので、夢に流されがちな水色に、的確なアドバイスもしてくれるでしょう。

　といっても、決して水色の夢や希望を否定するようなことはありません。良き理解者になってくれます。

　ただ、実はオレンジの人は、水色よりも気分のアップダウンが大きく、何かに集中するとほどほどにはすまなくなり、疲れやすいのです。そんなとき、水色が食事や映画に誘うなど、さりげなく気分転換を促すようにしてあげると、オレンジは喜ぶでしょう。

赤系の人とは慎重に

　一方、赤や赤紫の人とは感情のぶつかり合いが多くなりそうなので要注意。赤はいつも一緒にいないと気がすまないタイプで、少しうるさく感じます。

　喜怒哀楽をはっきり出す赤紫には、振り回されっぱなしの予感。最初は楽しめるかもしれませんが、次第に疲れてしまうでしょう。

緑のベストパートナーは紫

考えることが大好きな緑の人は、ときに考え込みすぎて煮詰まってしまうことも。そうなると、周りの状況を客観的に判断する力も鈍ってきてしまいます。

そんなとき頼りになるのは紫。細やかな気遣いで緑の世話を焼いてくれ、緑もそれをうるさく思ったりしません。緑の置かれている状況を静かに受けとめ、「こうしてほしい」と口に出さなくても気をきかせてやってくれます。

また、オレンジの人とも好相性。緑が落ち込んでいるときに明るく励まし、パワーを与えてくれるでしょう。

紫、オレンジともうまくつきあっていくポイントは、感謝の気持ちを素直にあらわすこと。

緑の人は「言わなくてもわかるじゃない」と思ってしまうところがありますが、どちらの色も自分から要求はしないものの、緑の人の温かい言葉を何よりも励みにします。

黄緑、水色、黄色とも○

その他、黄緑や水色とはお互いに刺激しあえる仲になれます。

黄色はつきあい初めはうるさく感じても、お互いのことがわかってくれば、常に前向きで明るく、安定した関係を築けるようになるでしょう。

黄緑のベストパートナーは**紫と赤紫**

常に先へ先へと走っていたい黄緑は、一人でもどんどん物事を進めていきたいタイプ。恋愛に対しても、誰かいい人がいればいいけれど、いなければ別に一人でも平気、と考えがちです。

つきあってもあまりマメではないので、自然消滅……というパターンが多いのです。そんな黄緑は、人とのつながりを大事にする紫や赤紫と意外に長続きするもの。あなたのサポート役として、あれこれ気を遣ってくれるでしょう。

黄緑はそれをうるさいとは思わず、むしろ喜んで世話を焼かれるので、それが紫や赤紫にとっては励みになるのです。

紫系のアドバイスはよく聞いて

うまくつきあうポイントは、紫や赤紫のアドバイスに耳を傾けること。紫や赤紫は、あなたのためになることを真剣に考え、そのうえで意見や、ときに痛烈な批判をしてくることが多いのです。

それを軽々しくあしらうと、愛想を尽かされ、大切な人を失うことになるかもしれません。

なお、緑や水色の人とも良い関係が築けそう。これらの色と黄緑とは、性格的に共鳴できることが多いからです。

ただ、似たもの同士ということで、やや恋愛のワクワク感には欠けるものがあるかもしれません。

黄色のベストパートナーは紺

もともと太陽のように明るく、同性にも異性にもモテる黄色なだけに、出会いがあってもその場限りの「気の合う友達」「遊び仲間」として軽くあしらってしまいがち。

その結果、いざ恋人が欲しいと思ったときには、周囲はみなカップルになっているのに自分だけ取り残されて……なんてことも。

友達としてなら、似たもの同士であるオレンジや赤と一緒にいる方が楽しいかもしれません。

でも恋愛となるとそれだけでは物足らないもの。自分では気づいていないかもしれませんが、お互いに高めあっていける関係を黄色は望んでいるのです。

お互いにないものを補える関係

そんな黄色と相性がいいのは紺。動と静、明と暗で意外な組み合わせですが、紺は黄色が少し軽はずみな言動をとっても、それをきちんと受けとめてくれる懐の深さがあります。

黄色もそんな紺の思慮深さに惹かれ、甘えられるのです。一方、紺にとっても黄色のソツのなさや世渡り上手なところに影響を受け、よりポジティブに行動する助けになるでしょう。

水色や黄緑の人とも相性は○。ドラマチックな恋愛にはなりにくいですが、友達の延長のような気楽な関係が築けるでしょう。

オレンジのベストパートナーは**水色**

友人や仕事上のパートナーなら、ドライな紺がベストですが、恋愛となるともっとワクワク感やロマンチックなシチュエーションも欲しいもの。そうなると物静かでマジメすぎる紺とのつきあいは物足らなくなるかも。どちらかというと、より夢見がちな水色との方が、楽しい恋愛ができるでしょう。

ただ、紺との相性も悪くはありません。結婚を意識したつきあいなら、紺との方が穏やかで明るい家庭を築ける可能性大。

もともとオレンジはみんなから好かれ、自分もあまりタイプを選びません。そのとき好きになった人が好みのタイプなのです。

どの色であっても、オレンジのことを積極的にほめてくれる人がいいでしょう。オレンジは、ほめられて輝くタイプ。オーバーなくらい愛情表現をしてくれる人ならベストです。

暖色系同士はお互いの理解が必要

ただ、同じ暖色系の黄色や赤、赤紫とは、長いつきあいをしていく上ではお互いを理解する努力が必要です。黄色とは何かと自分が正しいと主張して意地を張りがち。

赤はアクティブで交友関係も広く、もともとつるむことが好きではないオレンジには負担に思うことも。赤紫には感情的に振り回される可能性があります。

赤のベストパートナーは**赤紫**

行動派の赤は、一度決めるとまっしぐらで周りへの気遣いがなくなってしまうことも。そんなときにサポートしてくれるのが赤紫です。赤紫は赤のポジティブな姿勢や実行力に憧れている人。

一緒にいれば、赤の代わりとなって、周りへのスポークスパーソンやフォロー役を引き受けてくれます。自分のやりたいことがどんどんできるので、欠かせない存在に。

でも、気が細やかで献身的な赤紫に甘えてばかりいるのは禁物。赤紫の人は、好きでやっていることとはいえ、無意識のうちに自分の意志を抑えこみ、ガマンが積もっています。「してもらうのが当然」という態度でいると、いつかそれが爆発し、修復不能に。

日ごろから感謝の気持ちを忘れないことと、気持ちをためこんでいるなと思ったら、積極的に話を聞き、どうすればいいか一緒に考えてあげましょう。

紺とは時間をかけて

一方、紺の人とは考え方も行動パターンも真逆なので、ソリがあわない相手に。お互いの性格を理解し、尊重すれば良い関係になれますが、少し時間がかかりそうです。

水色や緑、黄緑の人とも相性は悪くはないですが、やはりお互いをよく知ることが大事です。

赤紫のベストパートナーは緑

　繊細でいろいろなことに敏感に反応してしまう赤紫には、あまり細かいことにこだわらないタイプの人が安心してつきあえるでしょう。色でいうなら緑や黄緑、赤などです。

　緑は一つのことを深く掘り下げていくタイプ。あれこれと気配り上手な反面、集中力にやや欠ける赤紫に落ち着きと安らぎを与えてくれます。黄緑も細かいことはあまり気にせず、ほがらかに赤紫をリードしてくれるでしょう。

　ただ、緑も黄緑も自分自身が他人に気遣いすることは苦手。ですから赤紫は、自分のしていることが相手に感謝されていない、と誤解することも。でも、感謝していてもその伝え方がわからなかったり、つい後回しになったりしているだけなので安心して。

自分が尊敬できる人を選んで

　赤とも基本的には好相性なのですが、赤の中でも特に実行力があるタイプの人は注意が必要。その言動に振り回され、疲れてしまうことも。

　どの色に対してもそうですが、赤紫の人はややプライドが高いので、自分が尊敬できて、サポートしてあげたい、と思う人をパートナーに選ぶというのが第一条件になるでしょう。

紫のベストパートナーは黄緑

バランス感覚にすぐれた紫は、よく気がつくゆえに気疲れしてしまうこともしばしば。そんな自分がときどきイヤになったりします。そんなとき、「細かいことは気にしなくて OK」と、ほがらかに励ましてくれるのは黄緑。

どんなときでも、自分が何をしたいかを見失わないその姿勢に紫は惹かれるでしょう。

緑も同じ傾向がありますが、あまり優しい言葉は期待しないで。

紺や水色の人とは友達の延長のような気楽なつきあいに。いつも一緒にいて疲れないので、いつの間にかカップルに、というパターンも多いでしょう。

ただ水色は「夢追い人」のようなところがあるので、もう少し地に足をつけてほしいと、やきもきするかもしれません。

暖色系はやや手ごわい？

黄色やオレンジの人に対しては、パワーに圧倒されて気おくれしてしまうかも。でも、いつもリードを任せるつもりなら OK。

赤や赤紫の人は、紫にとってはややてごわい相手です。個性を理解して、支えとなるつもりならうまくいく可能性大。

逆に、振り回されてしまうようなら、考え直した方がいいかもしれません。

茶色のベストパートナーは**オレンジ**

穏やかで優しく、争いを好まない茶色は、恋愛は少々奥手です。気になる人がいても「告白して断られたらどうしよう」という不安が先に立ち、なかなか一歩が踏み出せないからです。

一方、優しいゆえにモテる茶色ですが、好かれていることがわかっていても、なかなか自分からはアプローチしないため、友達関係のまま発展せず、自然消滅してしまうことも。

そんな茶色のベストパートナーはオレンジ。茶色と同様、争いを好まず、気立ても良いオレンジとは、大地に降り注ぐ太陽のようにお互い惹かれあうでしょう。行動範囲も広いので、デートの主導権はオレンジに渡して。

気遣いを見せることが大事

ただ、オレンジは一見、楽しそうにしていても、実際は気を遣って疲れていることも多々あります。それを隠してつきあっている可能性もあるので、茶色はあまりのんびり構えず、無理をしないようオレンジに対して気遣いを見せることが大事です。

そうでないと突然の別れを告げられてしまうかもしれません。

また、ピンクとも好相性。茶色の方が大人になって、ピンクの少々子どもっぽいところは目をつぶってあげると上手くいきます。

ピンクのベストパートナーは**水色**

世の中で一番大切なものは「愛」といってはばからないピンク。

好きになったら一途に尽くすタイプです。ただその反面、相手にもオーバーなほどの愛情表現を望むため、少しでも冷たくされると、「もうダメかも」と落ち込んでしまうこともしばしば。

また、恋愛中はあまり客観的に相手を見つめることができないので、つらい結末を迎えてしまうことも。

そんなピンクのベストパートナーは水色。夢と希望に生きる水色を深い愛情で支えることに、大きな喜びを見出すでしょう。

一方、水色も、ピンクに対して照れもなく愛情表現できます。はたからは、爽やかで、微笑ましいカップルに映るでしょう。

結婚相手なら茶色がベター？

ただ、結婚を意識する段階になると、浮ついた面もある水色が、頼りなく思えることも。

より大きな包容力を求めるなら、茶色が理想です。愛情表現やエスコートは得意ではありませんが、確かな愛でピンクを包み、安定した家庭を築く努力をしてくれるでしょう。

ただし、ピンクがわがままになりすぎたり、少し物足らないことがあって茶色を責めるような態度に出ると、もめごとのきらいな茶色から愛想を尽かされますので気をつけてください。

白のベストパートナーは紺

白は一言でいうと「孤高の人」。恋愛そのものには抵抗がなく、むしろ積極的にアタックしたい方なのですが、理想が高く、現状と折り合うことを好まないので、少しつきあって理想と違うことに気づいたとたん、恋を終わりにしてしまうのです。

相手の「いいとこどり」をして、連れて歩く人、家で寛ぐときに一緒の人などと、二人、三人と同時につきあってしまうことも。

そんな白が本気の恋愛をしたいなら、相性がいいのは紺。紺は完璧主義とまではいわなくても、自分の理想に向かって努力するタイプ。白は紺に、自分と共通するものを感じるのです。

ただ、紺はマイペースであまり急展開は望みません。いきなり自分の理想とする恋愛の形を求めると、壊れるのも早いでしょう。

少しアイボリーくらいが恋愛には吉

茶色とも好相性。特に白が、理想を求めるあまり疲れているときには、茶色の優しさが身にしみるでしょう。

でも一番いいのは、白があまり自分のポリシーにとらわれ理想を他人に押しつけず、現実とうまく折り合うすべを身につけることです。

真っ白ではなく、少しアイボリーになるつもりで考えを変えると、恋愛も向こうからやってくるでしょう。

グレーのベストパートナーは**ピンク**

グレーのあなたは、人間関係をつくることに今は疲れているはず。ましてや恋愛なんて、パワーが必要なだけ……と後ろ向きになっていませんか？

今はできるだけ一人でいたい、そっとしておいてほしい、そんなグレーがもし恋愛を考えるとしたら、それは自分の中でほかの色へと変化が起こっているサインといえるでしょう。

どんな人でも、１日２日でガラっと性格が変わってしまうということはまずありません。

色についても同じ。グレーの人が自分の色を変えるとき、グレーがかった淡い色へというのが普通です。そう考えると、ピンクや水色が、恋愛対象として一番近いといえます。

自分のありのままを伝えて

どちらも好相性ですが、グレーの中でもとりわけ人に干渉されたくない人ならマイペースな水色、気にかけてもらいたい人なら尽くすタイプのピンクが、支えになってくれるでしょう。ただ水色は多少、あなたにはうるさく感じることがあるかも。

不器用で殻に閉じこもりがちなグレーは、相手に想いを上手に伝えることは苦手。それを引け目に思わず、自分のありのままをわかってもらうことが、ウソのない信頼関係を築くには大事です。

黒のベストパートナーは黒

黒のあなたは今、自分が健やかに、そして心穏やかに過ごすことを考えるだけで手一杯。恋愛というよりも、生きる支えとしての誰かが欲しいと思っているのではないでしょうか。

そんなときにもっとも適任なのは同じ黒の人。似た状況に置かれているため、お互いに心を開きやすいのです。信頼関係を築ければ、将来的に恋愛の形へ発展していく可能性があります。

また、話をよく聞いてくれる赤紫や、世話好きなピンクも、黒にとって良き話し相手となり、一緒に穏やかな時間を過ごせます。

ただ、どちらの色も感情表現が豊かな分、場合によっては一転、黒が振り回されるおそれも。言われるがままではなく、あなたからも自分の気持ちをできるだけ話す努力をしましょう。

白や赤の「支え」にも

白や赤は一見、黒とは相いれない色に思われがちですが、実はどちらの色も、失敗やそれにともなう挫折を味わうと、黒になりやすいという特徴があります。

黒は、白や赤のそうした「もろさ」が他のどの色よりもよくわかりますから、支えになってあげられます。

人の役に立つ喜びが味わえたら、それは黒から別の色へと、自分を変えるチャンスかもしれません。

Column

相性の悪い色でもうまくいく

ときどきカゼなどの症状でクリニックを訪れるＫ子さんは、趣味でカラーコーディネートの勉強をしているので、私の色の話には興味津々です。

彼女の好きな色は緑。「緑は森の人。森の中には森が作り出したものが一杯。でも、無神経な他人に土足で踏み込まれるようなことがあると、ガマンなりません……」などと、緑の人の特徴を説明してあげました。

ふんふんと頷く彼女は、なぜか、赤の人の特徴を聞いてきました。

「赤は平原の人。どんどん動きまわって、開拓してゆきます。困っている人を見ると助けずにはいられません。でも、それが押しつけになってしまっている場合もあるのですが、それに気づくことのできる赤の人は、少ないようです……」などと説明すると身を乗り出してきました。

どうしてかと尋ねると、今おつきあいをしている相手の男性の好きな色が、赤だというのです。それが、ウマが合い、調子のいいときもあるのですが、そうでない場合もあるのだとか。

今日彼女は不眠を訴えに受診してきたのですが、どうやら、原因はそこにありそうです。

実は「緑と赤」は、あまりすすめられた組み合わせではありません。思考型と行動型の二人なので、男女関係になると、けっこう難しいことが多いのです。

そこで、彼女にアドバイスしてみました。

「赤と緑の相性はあまり良くありません。ただし、赤の人が緑の人を尊重している場合は別です。その場合は緑の人の考えていることを、赤の人がどんどん行動に移してくれ、理想的なカップルになる可能性もありますよ」と。

幸いにして、彼氏はＫ子さんより年下で、彼女のことを人間として尊敬してくれているとのことでした。

スッキリした表情のＫ子さんは、睡眠薬ももう要らなくなったといって、帰ってゆきました。

その半年後の冬。彼女はカゼをひいたその彼を連れてきました。彼女はとても幸せそう。実は結婚が決まったとのことでした。メデタシメデタシ。

このように、相性の悪い色の取り合わせでも、相手の特徴を尊重できれば、うまくやっていくこともできるのです。

大切なのは「十人十色」、人それぞれということです。

そして、そこをよく理解するということでしょう。

好きな色でバッチリわかる

成果のあがる勉強法と、天職選び

第3章

紺の人は、無理のない計画を立てコツコツと専門性を磨こう

勉強法　計画を立てて取り組むスタイル

コツコツと着実に、物事をこなしていくのが得意な紺は、無理のない計画を立てて、それに従って毎日一定の時間や量の勉強を進めていくというやり方が向いています。逆に、テスト前の一夜漬けといったような無理はあまりききません。

また、根がマイペースでガンコなので、人からこれをやって、あれをやって、と指図されるのも嫌います。それでうまくいっているうちはいいのですが、もし自分のやり方で思うような成果が出ない場合は、もっと柔軟になって人のアドバイスを受け入れ、計画を軌道修正することが成功のカギになるでしょう。

天職選び　専門性を追求して

紺の人は、いってみれば「個人技」が光るタイプ。専門性を磨いて、一つのことに打ち込む仕事に向いています。芸術家や職人、各種セラピストといった分野で力を発揮しやすいでしょう。

一方で、ガンコなところのある紺は、変化に対する柔軟な対応は苦手です。接客業のような、臨機応変の対応が求められる仕事はストレスを感じるかもしれません。

水色の人は、「情報」関連に強みを発揮できる

勉強法　細かいところにとらわれないで

学校や塾、本などさまざまな場所やツールから、しっかり情報を収集する能力にたけている水色。でも、ひとたびわからないところでつまずくと、ずっとそのことばかりを考えてしまい、なかなか先に進めなくなる傾向があります。

各論にこだわらず、全体の流れを把握しながら繰り返しおさらいし、わかったことを増やしていきましょう。そうするうちに、わからなかったことも、わかったことを手掛かりに、理解できるようになってきます。

天職選び　流行を追う職業がベストマッチ

夢や希望を追うことが好きな水色は、常に時代の先を読み、トレンドをつかむことが得意。そんな水色に向いていると思われるのはマスコミなどの情報産業やファッション関係です。

ただ、これらの業種でも、最初から自分の思い通りの仕事はさせてもらえません。地味に思われるような仕事でも、コツコツ取り組めばいずれ大きな収穫となります。理想とのギャップがあっても、3年間はガマンして、基礎力をしっかり磨きましょう。

緑の人は、じっくりと時間をかけて取り組もう

勉強法 **興味のあることに時間をかけて**

緑は何事も、納得しなければ前に進めないタイプ。記号や年号などの「丸暗記」は正直苦手です。ときには試験のため、と割り切ることも必要です。

また、一夜漬けもきかないタイプなので、前々から計画を立てて取り組むとともに、普段から興味のあることには時間をかけて掘り下げることが、理解力向上→成績アップにつながります。

得意・不得意がはっきりしているのも緑に多い特徴です。家庭教師や個人指導をしてくれる塾を利用して、不得意分野の克服を。

天職選び **クリエイティブな仕事が吉**

まず理想の姿を頭の中に描いてから実行に移すタイプです。作家や芸術家、建築家、映画監督など、クリエイティブな仕事が向いています。

ただ、こうした仕事は人間関係も大事。制作することに没頭して周りへの気遣いがなくなると、思うような成果が得られません。

気ごころの知れた人を集めることも、成功の大きなカギの一つになるでしょう。

黄緑の人は、きちんと目標を立ててチャレンジしてみて

勉強法　目標は具体的に！

　意欲はあるものの、成績がともなわないとモチベーションがすぐ落ちてしまう傾向が。成績アップのコツは「次は○○点とる」「××の資格を○月までにとる」などの具体的な目標を作ること。

　少し頑張れば達成できる小さな目標を作り、少しずつステップアップしていけば、達成感も得られやすく、気持ちを切らさずに大きな目標へと向かえます。ほめられるとどんどん伸びるタイプなので、できるだけほめてくれる先生や塾との出会いがあれば、さらにステップアップするでしょう。

天職選び　イベント企画や経営に活路

　新しいことに取り組む職種やポジションが向いています。たとえばイベントの企画、新プロジェクトの立ち上げなど。経営者にもこのタイプが多いと思われます。

　ただ、一つのことを成しとげるには忍耐強さも必要。少しうまくいかなくなると、意欲がトーンダウンしやすいので、途中で投げ出さない強い覚悟を持って。励ましてくれる同僚や先輩がいると、グンと仕事の効率がアップするでしょう。

黄色の人は、器用なことに溺れず、しっかりと目標を定めよう

勉強法　「そこそこ」からステップアップを!

要領がいいので、がむしゃらに取り組まなくても、そこそこ良い成績がとれる黄色。でも気の向かないこと、意味を感じないことには手を抜きがちなのが玉にキズです。

その心の内には「やろうと思えば自分はできる。今やらなくてもいいや」という驕《おご》りが見え隠れしていることも。

今しかできないことで、将来役に立つこともたくさんあると心得てください。ステップアップのためには、少し高いところに目標を置き、コツコツと勉強することが大事。塾を選ぶとしたら、毎回課題を出すようなところが向いているかもしれません。

天職選び　本当にやりたいことを考えて

オールマイティーな黄色は、どのような職業でも無難にこなせます。でも、打ち込める仕事でないと、目的が見えなくなって挫折したり、職場の中での単なる「便利屋」になってしまったりする可能性もあります。「自分が本当にしたいことは何か」をじっくり考えてから就活を始めることが大切です。

そのために、まずは十分な情報収集を行いましょう。

オレンジの人は、友人を大切にすることを心がけよう

勉強法　一人よりもグループ学習で

ほめられるとぐんぐん伸びるタイプ。「すごいね」「よくできるね」と、こまめに賞賛してくれる友だちとのグループ学習が励みになります。一方、計画性があまりなく、集中できる日と、注意散漫になってしまう日がはっきり分かれてしまうというウイークポイントが指摘できます。

一人で計画を立てるのは重荷なので、できれば学校や塾で、先生と相談しながら、いつごろ何をするか決めるとその後がやりやすいかもしれません。できるだけ、毎日コンスタントに勉強する習慣をつけましょう。

天職選び　人とのつながりが活かせる仕事を

人に好かれるオレンジは、営業や接客業など、人とのつながりが活きる仕事に向いています。

起業も、多くの人の協力が得られ、成功しやすいでしょう。

ただ、スケジューリングや進行管理は苦手な方なので、人に迷惑をかけるなど、思わぬ失敗の可能性も。手帳やパソコンを駆使して、効率よく仕事が進められるよう工夫しましょう。

赤の人は、パワフルなやり方で どんどん伸びていける

勉強法 厳しい指導で伸びる

何事も行動派の赤は、「書いて覚える」「声に出して読む」など、体を動かしながら勉強するとよく頭に入るでしょう。

どちらかというと、段取りやスケジュールを考えるよりも、まずは片っ端からこなしていく、という猪突猛進型の勉強法が向いています。また、赤の中には、厳しい指導をしてもらう方が「負けるものか」と闘志に火がつき、勉強がはかどる人もいます。

塾選びの参考にしましょう。

天職選び 精力的に動く仕事を

赤は、日本や世界を飛びまわって精力的に活動できるパワーを備えた人です。会社の経営者に多いタイプといえるでしょう。

また、スポーツ選手やインストラクターなど、体を使った仕事も向いています。

ただ、熱意のあまりワンマンになりやすく、職場から浮いてしまう、という危険性も。自分とは異なる意見を持つ人の話も積極的に聞き、広い視野をもってベストと思われるやり方を選ぶよう、心がけると良いでしょう。

赤紫の人は、疲れやすいので相談できる相手選びを

勉強法　優先順位をつけて

いろいろなことに興味を持つ一方、一つのことに集中して最後まで取り組むのは苦手。根が繊細なので、頑張りすぎて疲れてしまうのです。あまり細かいことにとらわれず、まずは物事を大枠で把握する練習を。それが身につけば自然に勉強の手順がわかるようになり、最後までやり通せるようになるでしょう。

何を先に勉強すべきか、何を後回しにしていいのか、優先順位をきちんとつけてくれるような先生や塾との出会いが吉と出るかもしれません。

天職選び　人の支えになる仕事を

気配り上手の赤紫は、人の話を聞いて支えてあげるような仕事が向いています。カウンセラーや秘書、看護師などの職業で、力を発揮しやすいでしょう。

ただ、人への気遣いが求められる分、自分にストレスがたまりやすいのも事実。それでも周りに頼られれば、頑張らずにいられない性格なのです。まず自分が、遠慮なく相談できる人を見つけておくことも大事です。

紫の人は、頑張りすぎずに感性を磨いていこう

勉強法　頑張りすぎに注意

もともと何事もバランスよく、計画を立てて実行できる紫は、勉強の仕方で悩むということは少ないはず。むしろ、つい頑張りすぎて、体調を崩すことの方が心配です。

調子がよいときも無理せず適度に休息をとりながら、いつも一定のペース配分でこなしていくよう、心がけましょう。

やや細かいところでつまずきやすい傾向がありますが、塾などで行われる夏季・冬季の集中講座で全体をさらうようにすると、自然と乗り越えられるでしょう。

天職選び　センスを問われる仕事が◎

感性のアンテナが鋭いので、センスを要求される仕事、たとえばファッション、各種デザイナー、美容師などが向いています。

ただ、独立開業するならともかく、会社という組織に入って仕事をしていくと、自分の感性にはなじまないものも要求されることも出てきます。そのときに悩んでしまうと、仕事そのものがつらくなってしまいます。あまり考え込まず、経験を積むためと割り切って取り組めば、将来必ず役に立つときがくるでしょう。

茶色の人は、優秀な調整役になる可能性を秘めている

勉強法　競い合う場で自分を磨いて

何事もマジメに取り組むのですが、マイペースすぎてちょっと闘志が足りないのが玉にキズ。頑張った分に見合う成績が得られなくても、「まあいいや」で納得してしまうところがあります。もっと負けん気が欲しいところ。

一人で勉強するよりも、塾のような競い合う場へ行った方が、刺激を受けてやる気アップにつながる可能性大です。

また、勉強は自分のためにするのは確かですが、成績が上がれば家族など身近な人も喜んでくれるだろう、と思えば勉強により身が入るでしょう。

天職選び　有能な「二番手」になれそう

業種や職種を問わず、有能なリーダーの下で力を発揮できる「セカンド・パーソン」にもっとも向いているのが茶色です。

リーダーが強く熱い意志でみなを引っ張っていくのに対し、二番手は他のメンバーの声を聞き、調整しながら総力を高めて物事を着実に進めていく役割が求められます。一方、自分自身がリーダーになるのは少し荷が重く感じられるかもしれません。

ピンクの人は、自分に合ったものを見つけると力を発揮できる

勉強法　「好き」と思えるテーマを見つけて

勉強自体は嫌いではなく、そこそこ努力して平均以上の成績が目指せるタイプですが、より高い目標に向かって、がむしゃらになる気持ちにはあまりなれないかも。でも、興味の持てるもの、心から「好きだ」と思えるようなテーマが見つかれば、爆発的な集中力を発揮して、成績アップにつなげることができるでしょう。

塾でも、家庭教師でも、通信教育でも、ピンクに特別向いている、あるいは向いていない場というのはありませんので、自分に合いそうなものを選択すれば、良い結果が出ると思います。

天職選び　世話をする職業が吉

情に厚いので、人やものの「世話をする」職業が向いています。具体的には保育士、介護・福祉関係、看護師、またペットシッターやトリマー、造園関係でも力を発揮できる場があるでしょう。

ただ、これらの職業は、もしアクシデントが起こった場合に迅速な判断力が求められます。それが、もしかしたらピンクには重荷になるかもしれません。何かあればすぐ相談できるよう、同僚や上司と良好な関係を築いておくことが大事です。

白の人は、メリハリを心がけ、やりがいを追求しよう

勉強法　ペース配分が大事

完璧主義のあなたは、勉強も 100%わかるまで一区切りつけられないところがあり、試験の前に疲れきってしまうことも。

うまくペース配分してくれる家庭教師などの指導者がいるといいかもしれません。また、やりすぎは考えものですが、多少は試験に出そうなところの「ヤマを張る」のも白にとっては大切かも。メリハリをつけた勉強を心がけて。

家族や友達など周囲の人から「休んだら」といわれたら、健康のためにも素直に従いましょう。

天職選び　結果が見えやすい仕事を

業種や職種は問いませんが、完成形や結果が早目に見える形になる仕事が向いているでしょう。逆にいえば、結果が出るまで何年もかかるという仕事は白にとっては面白くなく、ストレスになる可能性があります。

たとえば総務、人事、教育関係など、長い目で成果を追う種類の仕事よりも、制作や営業など、ある程度のスパンで評価してもらえるものの方がやりがいを感じられると思います。

グレーの人は、得意分野を大事にして着実に仕事をこなす

勉強法　個人学習で力をつける

マジメに勉強に取り組むタイプですが、発言を求められたり、ディスカッションで自分の意見を言ったりするのは苦手。

同級生同士で刺激しあうというよりも、個人学習の方が着実に力をつけられるでしょう。家庭教師や、少人数の塾の方が、居心地がいいかもしれません。

また、目先にある課題にはきちんと取り組みますが、自分で課題を見つけるのは苦手。その結果、得意分野も伸びず、弱点も克服できず……と、どっちつかずになってしまうおそれも。まず、得意分野にじっくり取り組みましょう。

天職選び　責任範囲が明確な仕事を

業種や職種を問わず、一人でコツコツと取り組む仕事が向いています。大勢の人と関わる仕事は、円滑なコミュニケーションをとることに難しさを感じてしまう傾向にあります。

また、自分の責任範囲が明確で、その範囲内をきちんとやればよし、という性格の仕事の方が、グレーにとってストレスが少ないでしょう。

黒の人は、少しずつ着実にステップアップしていこう

勉強法　小刻みなステップアップを

勉強だけではなく、周りのすべてについて興味や関心がなかなか向かない黒は、そのままでいると取り残されてしまいます。

家族や知人など、周囲の力も借りて、少しでも面白そうと思ったものから少しずつ取り組むと良いでしょう。

また、「1日に英単語を○個覚える」とか「計算式を○個解く」といった、具体的な目標を持ち、小刻みにステップアップしていくことも有効です。先生との信頼関係が持てれば、塾でも家庭教師でも、勉強の場は問いません。

天職選び　まずは社会生活に慣れることから

黒が黒のままでいると、自分の適性が見えてこないかもしれません。少し外の世界に関心が向いて、情報を集めたりしていく中で、自分が秘めているさまざまな可能性に気づいていければ、そこではじめて「仕事」の具体的なイメージが湧くでしょう。

ただ、焦ると自分の本当の気持ちがわからないまま就職して、結局長続きしない、ということも。周囲の力も借りて、社会生活に慣れることを当面の目標にする方がいいかもしれません。

Column

セラピストには紫の人が多い!?

私は「関西アロマセラピストフォーラム」という、アロマセラピストの活動を支援するNPO法人の理事を務めていますが、ある日、その集まりの中で、セラピストの皆さん10数名に好きな色を聞いてみました。

すると、なんと8割以上の人が、紫が好きだと答えたのです。紫の人は繊細で気配りのできる人が多いので、なるほどと思いましたが、それにしても、この偏りには驚かされました。

歴史上の人物は何色?

戦国時代に活躍した武将は、赤の人が多かったのではないかと思っています。たとえば織田信長。彼のワンマンで、実績重視、役に立たないものは認めない、といった性格は赤の人の中でも、際立っているといえるでしょう。

一方、幕末に活躍した今話題の坂本龍馬は、何色だと思いますか？　私はオレンジだと思います。敵対する長州と薩摩の間を取り持った龍馬は、まさにオレンジの人らしく、人と人の輪をつなぐ役を演じたのです。

このように、歴史上の有名人や身近な人たちが何色か想像してみることで、より本書に書かれていることがわかってもらえるようになると思います。

ある課長さんの話

先日も、ある会社の課長さんがウツ症状で相談にこられました。実は彼は、もともと営業畑で、バリバリ行動して業績を上げてきたのでした。その方の好きな色はオレンジ～赤付近でした。

課長になって、デスクワークに縛りつけられた生活が耐えられないとのことでした。そして、彼はその頃から逆流性食道炎にも悩まされるようになってしまったのです。

食道の炎症ですから、部位でいうと、胸部にあたります。これは色でいうと水色です。

つまり、色で判断すると、オレンジの「活動したい意欲」が封じ込められ、補色の水色の症状が出てしまった、という判断もできます。

第4章

好きな色でバッチリわかる
健康の秘訣

紺の人は頭部～首の不調に気をつけて

何事もコツコツと地道に取り組む紺は、人にものを頼むのが苦手なので、一人でたくさんの課題を抱え込みがちです。

つらくなっても「自分さえ頑張れば」とガマンしてしまうことが多く、積もりに積もった心身の疲れが、体のさまざまな場所に不調となってあらわれやすくなるのです。特に多いのが首の後ろのコリ、耳鳴り、めまい、のどの痛みなどの頭部～頸部（首）の不調。

また、関節痛や腎臓の病気にも注意が必要です。

ネックウォーマーで首が冷えないようにしたり、腹巻きで腎臓を温めるのが効果的です。

おすすめハーブ＆アロマ

ティートゥリー→めまいに（耳たぶの後ろに塗ると良い）

グレープフルーツ→ヒステリー球（のど周辺の違和感。検査で異常はないが自覚症状があるもの）

ローズマリーシネオール→気分がスッキリしないとき

バッチフラワー

ミムラス→内向的で人と話すのが苦手、いろいろなことへの恐怖の緩和に

ワイルドローズ→無気力、無関心、意欲のないとき

漢方アドバイス

のどのつかえ感：半夏厚朴湯

咳き込むとき：神秘湯

水色の人は胸部の病気に気をつけて

夢見がちな分、理想と現実とのギャップに悩みがちな水色のウイークポイントは「胸部」。動悸や胸やけ、またぜんそくや気管支炎といった、のどの症状にも注意が必要です。

思い悩みすぎず、何事もほどほどにと言い聞かせることが、メンタル面からこれらの不調をやわらげる助けになるでしょう。

アクアリウムで水草や熱帯魚を育てたり、ラピスラズリの原石やアクセサリーを身につけたりすると、気分も明るくなり、気持ちが晴れます。

おすすめハーブ＆アロマ

ティートゥリー、ユーカリラジアタ→ブレンドして胸部をマッサージすれば、ぜんそくや息苦しさの緩和に効果的

タイム→抑うつ気分に

ゼラニウム→気分を変えて、リフレッシュしたいときに

ネトル（ティー）→花粉症の症状緩和、利尿、収斂作用

バッチフラワー

ハニーサックル→夢がなかなか実現せずイライラしているときに

クレマチス→いつも夢ばかり見ていて注意散漫なときに

漢方アドバイス

めまい：半夏白朮天麻湯

ぜんそく：神秘湯

緑の人は「頑張りすぎ」にご用心

考えることが大好きな緑は、一つのことに集中すると、時間がたつのも忘れてしまいます。その結果、慢性的な疲れに悩まされがちに。頑張りすぎに注意して、適度な休息をとりましょう。

緑が特に気をつけたいのは肩コリやめまい、耳鳴り、眼の疲れ、胃の痛み。また適度な運動で体を動かすことも大事です。

また、考えすぎたりして頭が疲労した場合、緑の人に向いているのが柑橘系のクエン酸の摂取。甘酸っぱい味が心身ともにリフレッシュしてくれて、とても有効です。

時には何も考えない時間も大切。アウトドアスポーツなどで自然を満喫してみるのもオススメです。

おすすめハーブ＆アロマ

ローズマリー→精神的に疲れたとき、アロマオイルを垂らした湯の蒸気を吸入（ただし、吸いすぎると呼吸器を傷めるおそれがあります）

スペアミント→気分を変えたいときに

アイブライト（ティー）→眼精疲労に

バッチフラワー

ウォーターヴァイオレット→自分の殻に閉じこもりがちなときに

ホーンビーム→考えすぎたり、精神的な疲れがとれないときに

漢方アドバイス

胸脇苦満：柴胡桂枝湯

疲労：十全大補湯

黄緑の人はイライラからくる胃の不調に注意

黄緑の場合、意欲に実行がともなわず、イライラが続くと胃にきます。急ぐ、怒るは「胃削ぐ」「胃刈る」と覚えて、胃を痛めつけないよう気をつけましょう。

また、偏頭痛、肩コリ、手足の痛みなどの症状が、特に体の左側に出やすいので注意しましょう。経験上、左側の症状というのは、急ぐ、怒る、意欲過剰など、陽性のストレスで発生します。

ちなみに、右側ばかりに症状が出るという人は、心配性、恐れ、決まったノルマなど、陰性のストレスが原因で発生します（私はこれを「左の法則」「右の法則」と呼んでいます。94ページを参照）。

おすすめハーブ＆アロマ

レモングラス→イライラを緩和したいときに

ペパーミント→気分を変えたいときに

レモングラス（ティー）→胃腸の疲れ、消化促進に

バッチフラワー

ワイルドオート→物事がなかなか達成できずに悩んでいるときに

チェスナットバッド→同じ間違いを何度も繰り返すときに

漢方アドバイス

花粉症：小青竜湯

食欲不振：六君子湯

黄色の人は自分の健康を過信しないように

黄色の人は、実はあまり健康上のトラブルがありません。「健康がとりえ」という人が多いのも黄色です。

だからといってそれを過信し、暴飲暴食、不規則な生活を続けていると年齢とともに「つけ」が回ってくることも。特に心臓や膵臓の病気に注意しましょう。

その中でも、膵臓の負担には特に注意してください。少々の暴飲暴食ではなんともないのですが、負担が積み重なって膵臓炎や膵臓がんなど、思わぬ結果を招いてしまいかねません。

せっかくの丈夫な体を大切にしてください。

おすすめハーブ＆アロマ

黄色の人は、香りが好きな人が多いようです。そのときの気分で選んでOK。

カモミール→食べすぎたときにはカモミールティーを（ブタクサなどキク科のアレルギーのある人は避けてください）

オレガノ（ティー）→疲れ気味の食後に。ほのかな苦味が効果的

バッチフラワー

インパチエンス→忍耐力に欠け、イライラするときに

漢方アドバイス

風邪：麻黄湯、葛根湯

下痢嘔吐：黄芩湯

オレンジの人はストレスからくる体調不良にご用心

基本的には明朗快活なのですが、精神的なストレスで体調が不安定になることも。

ただ、不安のあまり体調がすぐれないとしても、そのままどんどん悪化してしまうということは、病気が隠れていない限りはありませんので、一喜一憂しないように。平静さを保つことが大事です。

ストレスからくる口内炎や、胃もたれ、下痢などの胃腸の症状に注意しましょう。

ストレスや疲れがたまると、食欲が落ちてしまいやすい人が多いのですが、消化のよいものを、無理せず食べられるだけ口にして早く寝ましょう。気持ちの切りかえが大切です。

おすすめハーブ＆アロマ

スイートオレンジ→腹部膨満感に。腸のぜん動運動を促してくれます

ネロリ、プチグレン→気分が落ち込んでいるときに

ネロリ（ハーブウォーター）→洗顔後、化粧水がわりにとてもいい

オレンジピール（ティー）→鎮静、消化促進、整腸作用

バッチフラワー

レッドチェスナット→考え事や悩みが頭から離れないときに

スクレラサンス→優柔不断で決断力に欠け、喜怒哀楽が激しいときに

漢方アドバイス

お腹の不調：小建中湯

冷え、月経不順：当帰建中湯

赤の人は のぼせと冷えに注意

赤はスタミナ抜群、バイタリティがあるので、少々の無理が続いても体にこたえない強さを持っています。周りからは、健康に恵まれていると、うらやましがられるタイプです。

確かに若いうちはそう問題ないかもしれませんが、年齢を重ねていくと、それまで酷使してきた体がアラームを出してきます。突然大きな病に見舞われるという恐れも。赤の人は概して頭に血がのぼりやすいといえます。そのため急なのぼせには気をつけましょう。

逆に、足腰やお腹周りなどの下半身は、ほかの色に比べると冷えやすいのが特徴です。

おすすめハーブ&アロマ

イランイラン、ジャスミン→疲れすぎて、気持ちも落ち着かないときに

ローズヒップ（ティー）→便秘、疲労回復、生理痛緩和に

バッチフラワー

ビーチ→他人に対してもどかしく思い、心の平穏が保てないときに

レッドチェスナット→他人の安全を心配しすぎる、過保護、かまいすぎに

漢方アドバイス

月経困難症：当帰芍薬散

疲労：補中益気湯

赤紫の人はストレスをうまく解消して

周りへの細やかな気遣いができる赤紫は、その分、イライラやクヨクヨなど、精神的なストレスを抱え込みがち。

それがもとで、夜眠れなくなったり、体が重だるくなったりなどの、体の不調を引き起こすこともあります。

自分なりのストレス解消法を持っておくことや、気軽に悩みを打ち明けられる人を見つけることが大切です。

特に女性の場合、更年期障害や下肢静脈瘤、冷えのぼせなどの症状が出やすいのも赤紫の人です。足浴やショウガ湯などで体を温めることを心がけ、時にはゆったりとした音楽を聴きながら紅茶を飲んだり、軽いウォーキングをしたりなど、気分転換が大切です。

おすすめハーブ&アロマ

スウィートマジョラム→人間関係のトラブルに疲れたときに

フェンネル（ティー）→便秘解消、利尿、解毒、生理不順に

バッチフラワー

ウォールナット→人生の中で大きな出来事があり、その変化に心がついていけないときに

セラトー→自分の判断に自信が持てず、しょっちゅう他人に助言を求めてしまうときに

漢方アドバイス

手足の冷え、しもやけ：当帰四逆加呉茱萸生姜湯

紫の人は疲労からくる肩コリ、腰痛に注意

赤紫と同様、周囲に気を遣いすぎる傾向のある紫。

気疲れしたり、頑張りすぎて疲労感が蓄積しやすく、あるとき何もかもイヤになって、とりかかっていたことを投げ出してしまう、ということもあるでしょう。それがさらにストレスを呼び、身も心も疲れきってしまうのです。

特に、ストレスや疲労からくる頭痛や肩コリ、腰痛などの体の痛みに気をつけましょう。解決策としてはストレスをためこまないことが一番です。睡眠時間をたっぷりとり、起きているときはゆったりと深い呼吸を心がけましょう。

おすすめハーブ&アロマ

サンタルウッド、ラベンダー→気を遣いすぎて疲れ、うつ気味のときに

エキナセア（ティー）→疲労回復、免疫力アップに

マジョラム（ティー）→鎮静、頭痛緩和、消化促進に

バッチフラワー

ホワイトチェスナット→気になることが頭から離れないときに

漢方アドバイス

風邪：香蘇散

頭痛、肩コリ：桂枝湯

茶色の人は気力アップが健康のカギ

ほかの色と比べて、体調の変化や気分の波が少ない茶色。

元気いっぱいというほどではないけれど、かといって不調に悩まされているわけでもない、という、心身の安定を維持しやすいのが茶色の特徴です。

しかし一方で、張り切って何かに取り組まなくてはならないときにも、今ひとつ気合が入らなかったり、無理がきかなかったりという面もあります。

具体的な健康上の問題はほとんどないだけに、気分を盛り上げてイキイキ過ごすことに、もっと貪欲になってもいいでしょう。

おすすめハーブ&アロマ

カンファー（樟脳）→気分をスッキリさせたいときに

コーヒー→興奮、利尿作用、偏頭痛の緩和に

バッチフラワー

ラーチ→自分のやっていることに今ひとつ自信が持てないときに

漢方アドバイス

茶色には、特にこれはという漢方はありません。症状に合わせて選んでください

ピンクの人はお腹まわりがウィークポイント

人とのつながりを大事にし、自分をある程度犠牲にしても、他人の役に立ちたいといつも思っているピンク。

赤紫や紫と同様に、人間関係のもつれなどにより、ストレスをためこみやすい傾向にあります。

また、ピンクの場合は、それが月経不順や月経時の腹痛、腰痛、下痢、などの、お腹まわりの症状となってあらわれやすいと考えられます。

ストレスをためないようにすることはもちろん大事ですが、そのほかにも、お腹を冷やさないようにする、夜更かしなど不規則な生活を避ける、などの心がけも重要なポイントです。

おすすめハーブ&アロマ

桜茶→ゆったりとした気分で和みたいときに

シダーウッド→不安で何かに頼りたい気分になったときに

ローズピンク（ティー）→鎮静作用、生理不順、憂鬱に

バッチフラワー

セントリー→自分の意思表示がうまくできず、いらだたしいときに

ヘザー→自分の話を聞いてくれる人がいないと困る。自分のことを必要以上に深刻に受けとめているときに

漢方アドバイス

不安感：香蘇散

白の人は不眠やイライラに気をつけて

完璧主義の白は、自分にだけではなく他人にも厳しいところがあるため、対人関係のトラブルを抱えがちです。それが不眠やイライラ、頭重といったような体の不調となってあらわれてくることも。

やっかいなのは、そうした不調を自分の性格からくる言動のせいとは思わず、「気のせい」ですませようとしてしまうこと。

根本的な原因（この場合は対人関係のトラブルを解決すること）を取り除かなければ同じような不調にずっと悩まされてしまうかもしれませんので、気をつけましょう。

白に近い、パステル調のピンクやブルー、ベージュなどの中から好きな色を選んで、イメージしながら深呼吸する、といった瞑想法も心を癒すのに役立ちます。

おすすめハーブ＆アロマ

メリッサ（レモンバーム）→情緒が不安定でピリピリした状態に

バッチフラワー

バーベイン→自分の意見を人に押しつけようと強引な気分のときに

ロックウォーター→自分に対して厳しすぎて、人生を楽しめないような人に

漢方アドバイス

疲れて、イライラする：加味逍遥散

考えなくてもいいのに考えてしまうときに：香蘇散

グレーの人は 運動不足解消を

一人の世界に閉じこもりがちなグレーは、活動的とはいえず、慢性的な運動不足になっています。筋肉は動かさなければやせていきますし、血行も悪くなるので冷えの原因にも。

グレーが好きな人は、おそらくその原因がわかっていると思います。たとえば、子どもの病気が気がかりだとか、職場のストレスに耐え切れず転職を考え始めているなど……原因が解決すれば心も晴れます。思い切って、頼れる人に相談してみましょう。

部屋で簡単なストレッチをすることから始めても良いので、少しずつ積極的に体を動かすことを心がけましょう。

おすすめハーブ&アロマ

ローズ→人と接したくない、でも実は寂しいというときに
リンデン（ティー）→悩み事が気になって眠れない夜に
マートル（葉の香り）→スッキリと甘い香りでリフレッシュ

バッチフラワー

ゴース→希望を捨て、あきらめて落ち込んでしまっているときに

漢方アドバイス

気分が沈みがち：香蘇散
疲れすぎて眠れない：酸棗仁湯

黒の人は慢性的な不調を放っておかないで

気持ちの面でも、体の面でも慢性的な不調を抱えやすいのが黒の特徴。ここが良くなったと思えば、今度は別の場所が……というように、体のあちらこちらが痛んだり、重だるくなったりします。

体調が良いときを知らないので、相当つらくてもガマンしてしまうタイプでもあります。痛み方によっては大きな病気が潜んでいる場合もあるので、気になる症状は放っておかず、医療機関に相談を。

できれば漢方やアロマ、ハーブに理解のある医師に相談するといいでしょう。

黒は、これ以上は落ちない、「復活の色」。その色を選んでいるあなたは、あせらずに、少しずつ心身の回復を果たして、本来の自分の色を取り戻しましょう。

おすすめハーブ&アロマ

ローズウッド→精神的に疲れきっているとき、慢性的な病に疲れたとき、ローズウッドの香りが気分を明るくさせ元気づけてくれます

バッチフラワー

アスペン→不安で眠れないときに

チェリープラム→絶望していて、神経が衰弱しきっており、自分の精神と思考をコントロールできそうにないときに

漢方アドバイス

疲れ果てたとき：真武湯

左と右の法則

クリニックで患者さんたちを診させてもらっているうちに気づいたことがあります。それは、体の左側ばかりに症状の出る人は、イライラしたり、急いでいたり、「もっともっと」と前のめりになっている状態でストレスがかかり、体に不調が出ている人が多いということです。

一方、右側ばかりに症状の出る人は、心配事や恐れなどの他、何かをさせられて嫌だなど、どちらかといえば陰のストレスがかかり、体に不調が出ている人が多いようです。

これは、実は胃の位置に関係があると思っています。胃はお腹のおもに左側にあり、胃が痛むとお腹のおへそよりも左側がおもに痛みます。また、心配症の人は十二指腸を痛めることが多く、おへそよりも右側がおもに痛みます。

これらの関連痛と関係して、体の右側の筋肉が緊張しやすい人、左側の筋肉が緊張しやすい人が出てくるのです。そういうわけで、本文中で述べたように、黄緑の好きな人（胃に負担をかけやすい）の頭痛は左側に多いのです。

大リーガーのイチロー選手が以前、WBC で胃潰瘍になり、9 年連続 200 本安打を目前にしたとき「左」足を故障しました。これはまさに左の法則の実例なのです。みなさんも思い当たることがありませんか？

色のトーンも参考に

色にはトーンがあります。トーンは彩度（あざやかさ）と明度（あかるさ）の組み合わせで決まります。実は、そのときの心理状況や体調によって、色だけでなく、このトーンの好みも変化します。たとえば同じオレンジを選んでいても、グレイッシュ（灰色がかった）なオレンジを選択したときは、何か悩み事を抱えている場合が多いのです。

また、体調が悪かったり、高齢になってくると、ダル（にぶい）色味を好むようになったり、その反対にビビッドな色を好むようになることがあります。

カラーコーディネーターの入門書にはそういった色の図が載っていますので、興味のある方は手に入れられて、日々その気になる色合いを見てください。その変化を知れば、自分のことがさらによくわかるようになりますよ。

第5章

色と自然律療法

色はココロとカラダが発する声の代弁者

色が紡ぐ、いのちのストーリー

自然の営みとその中で繰り広げられる生命の循環は、すべて「色」であらわすことができると私は考えています。

すべての生命の源は紺色の海。やがて茶色の大地ができ、水色の雨が降り注ぎ、黒い種から黄緑の芽が出て成長し、緑の葉をつける……。そこに降り注ぐのは黄色い太陽の光です。

成長して花をつければそれはオレンジや赤、ピンクに輝き、実を結び熟すれば紫を帯び、やがてグレーに枯れて大地に落ち、次世代の生命になる……。そしてこれらすべての色は、白い光によって目に見えるもの、というのが私の解釈です。

色は、人が見ることのできる電磁波、つまり可視光線です。それを私たちは光と呼んでいますが、その光を構成するのが、一般に「赤、橙、黄、緑、青、藍、紫」と表現される虹の色です。

これらは太陽が放つとてもとても大切なメッセージです。この光により、植物は光合成をし、私たちが呼吸をするのになくてはならない酸素を作ってくれるのです。

そしてさらに植物は太陽光のエネルギーを得て、果実や実、根、葉といった私たちのいのちのもとになる食料をも作り出してくれているのです。

太陽の光というものがなければ私たちは誕生しなかったし、生きてゆくのもままなりません。

私は医師として、人の健康の役に立つことを考える立場にあります。したがって、この太陽の光の恵みをどう健康に役立てていけばよいのか、と考え始めたのが、色について洞察を深めるきっかけとなりました。

太陽の光を構成するそれぞれの色には、私たちが日ごろ認識しているよりも、はるかにたくさんの情報が込められていると思うのです。

たとえば、先に挙げた「赤、橙、黄、緑、青、藍、紫」は、一年の四季のサイクルも形作っていると考えています。

・緑、黄緑、黄色といった、草木の若い芽や爽やかなレモンを思わせるような色は「春」

・黄色、オレンジ、赤といった、太陽のようなほとばしるエネルギーを思わせる色は「夏」

・赤、紫、紺（藍）といった、果物の実りを思わせる色や次第に寒さを感じさせる色は「秋」

・紺（藍）、水色（青）、緑といった、静かでたおやかな海を思わせる色は「冬」

といったように、です。

隣り合った二つの季節にだぶっている色は、それぞれの季節の境目をあらわす色と解釈されます。

さらに、私は人の体質を四季に分けることで、みなさんに合った健康法が簡単に見つけられるような工夫をしました。もともと中国では、漢方の考え方をベースにして、体質を大きく四つに分けることができるとされていました。

私はこの考え方をもとにして、体質を春夏秋冬の四季になぞらえることによって、誰でも簡単に自分の健康上の弱点や、気をつけるべき点がわかるようにしたのです。

私はこの考え方を「自然律療法」と名づけましたが、ごく簡単にご紹介しますと、次のようになります。

・春体質：ほがらかで若々しく、病気とはあまり縁がないが、調子に乗りすぎると体調を崩しやすい

・夏体質：エネルギッシュで無理がきいてしまうので、突然大きな病気になりやすい

・秋体質：気疲れで体調を崩しやすく、また体調の変動もひんぱん

・冬体質：体力がなく慢性的な疾患を抱えやすい

詳しくは、『気づかいができる人ほど、なぜ長生きできるのか？』（現代書林）をご一読ください。

色は性格やライフスタイルも暗示する

さて、話を戻します。ここで私は、はじめは健康と色との関係のみに着目していたつもりだったのですが、考えていくうちに、「性格」も「健康」と浅からぬ関係があり、ひいては「色」と「性格」も関連づけられることに気づいたのです。

この本では、その気づきを追求し、色と性格の関係、そして性格に基づいたライフスタイルや人間関係、そしてもちろん健康についても項目立てし、まとめてみました。

前著では、大きく「春、夏、秋、冬」の４群に色を分類し、それぞれの性格と健康についてあらわしましたが、今回はさらに細分化し、基本となる色とそこから派生して一般的に認知度の高い（好きな色は、と聞かれたとき答えとなる頻度が高い）色の全 14 色について、それぞれあらわした、という

わけです。

ここで誤解していただきたくないのは、どの色にも、長所もあれば短所もあり、どの色が一番望ましいといったような優劣や順番はつけられない、ということです。

前章までの流れで、たとえばグレーや黒といった色は人との関わりを望まない傾向があり、現在の社会においては、適応しにくいと悩みを抱えている人が多いのではないかと思います。

しかし、その人の本質は社会生活というフィルターを通してしか見えないというわけではないと思います。

潜在、顕在にかかわらず、生きるうえでの強い力を持っていたり、他人の気持ちがわかったりといった特徴を持っており、それらを活かすことで周囲に良い影響を及ぼすことができます。

それと同時に、自分自身も成長し変わっていけるという可能性を秘めていると思います。それはグレーや黒だけでなく、ほかの色も同様です。

色の「相性」が意味するもの

さて、人間関係および恋愛については、「意外な色と相性が良いようだ」とか「似ている色だから気が合うというわけでもなさそうだ」ということが何となくおわかりいただけたのではないかと思っています。

これも、考察を重ねるにつれ、基本の色の並び順により、「相性の良い関係」「拮抗（反発しあう）関係」について、ある程度の法則があることがわかってきました。

11 ページを見ていただきたいのですが、基本の色を円く並べた際、向かいあう色同士の相性はおおむね良いのです。一見、まったく違う色同士ですが、これは互いに欠けているものを補える、という意味で、タッグを組めば総合的なパワーがアップする、ということなのです。

ただし、緑と赤についてのみ拮抗関係となってしまいます。これは二者とも個性が強く、自分に欠けているものを相手から補うということが受け入れにくい性格のためです。

しかし、これも互いに相手のことをよく理解しあえれば、協調関係に転ずることも可能です。

ここで申し上げたいのは、ここで相性が良い・悪いとなっているからといっても、ずっとそのままとは限らない、ということです。

現実問題として、集団生活の中では、相性の良くない人とでもつきあっていかなくてはいけないことはよくあります。そんなときに、何もわからずただつきあいにくさを感じているよりも、こうした相性を知ったうえで、つきあっていくのとでは、受けるストレスの度合いがまったく違うでしょう。

さらにいうならば、自分の方がほんの少し接し方を工夫して、できるだけ気持ちよくつきあったり、良い関係を築いたりできれば、マイナスの関係が一転、プラスになることもありうるのです。

一方、どんなに相性の良い者同士でも、コミュニケーションがおろそかになったり、互いに甘えが生じたりすれば、その関係は悪くなったり希薄になったりするものです。
なお、緑と黄緑、赤と紫はほかと比べてとりわけ互いに理解しやすく、共通点も多いので、隣り合わせの協調関係として示しました。

色と健康の意外な関係

さて、それでは私の専門分野である医学の観点では、色はどのように解釈されるのでしょうか。
このテーマについては、実は大昔からインドで体系づけられていました。「チャクラ」という言葉を聞いたことはありますか？
これはごく簡単にいうと、インドの古代医学である「アーユルヴェーダ」の概念からきている考え方で、肉体の各部位に宿るエネルギーのポイントをさしています。
そして、人の生命を保つのに重要な働きをしているとされています。ヨーガを行う際に、そこを意識すると、対応する体の部位に何らかの変化が起こるともいわれています。
このチャクラは、6～8あるといわれていますが、実はそれぞれ象徴する色が割りあてられているのです。たとえば、のどのあたりは青、胸部は緑、といったように、です。
体の各部分には、それぞれを守る色がある、という方がわかりやすいかもしれません。
私はこの考え方にヒントを得て、もっと易しく、かつ現代の臨床医学に合った形にならないか、と考えました。そこで、まずは実際に自分のクリニックで患者さんに「今、好きな色は？」と質問してみました。

そうすると、多くの場合、その患者さんが答える色と、抱えている不調が、チャクラと一致していたのです。ただし、若干違っている部分もありましたので、それを考慮して改めて、色と体の部位とを対応させてみました（カラーページ参照）。

紫：頭部、顔面、頭痛、めまいなど
紺：頸部（鎖骨より上）の痛み、不調など
水色：胸部（肺や心臓など）
緑：横隔膜の下（肝臓、腎臓など）
黄緑：上腹部（胃のあたり）
黄色：おへその周辺（膵臓、十二指腸など）
オレンジ：下腹部（小腸（空腸、回腸）など）
赤：下半身（大腸、膀胱、子宮、卵巣、精巣、腰、下肢など）
赤紫：精神面（更年期症状、うつ、その他悩み事が多いときなど）

クリニックの患者さん数十名へのインタビューをもとにまとめると、以上のようになったのです。

ここで注意していただきたいのは、たとえば健康な人が今、水色を選んだからといって、その人が実は心臓に病気がある、ということを暗示しているわけではありません。心臓に病気のある人は、おうおうにして水色を選ぶことが多いのですが、その逆はいえないのです。

病気の人も、健康な人も、自分にパワーを与えてくれる色として選んでいるのであり、必ずしも病気のありかを示しているわけではない、ということを、誤解のないようにしていただければと思います。

「健康」に関しては、もともと自分の好きな色ではなく、そのとき気になっている色で調べる方が、より的確に自分のことがわかるのではないかと思います。

たとえば、いつもはピンクが好きだけれど、今日に限っては緑が気になる、という場合は、緑の項目を読むと参考になりやすいということです。もしかしたらその人は、胃に不調を抱えているのかもしれません。

1日の過ごし方で不調のサインがわかる

なお、私の考えでは、色で1日のサイクルも説明することができ、その時間帯に不摂生をすると、色と対応した体の部位に不調が生じるのではないかという仮説も立てています。

1日のサイクルを色であらわすと、次のようになります（カラーページ参照）。

緑：午前4時半～7時半（午前6時頃）
黄緑：午前7時半～10時半（午前9時頃）
黄色：午前10時半～午後1時半（正午頃）
オレンジ：午後1時半～4時半（午後3時頃）
赤：午後4時半～7時半（午後6時頃）
紫：午後7時半～10時半（午後9時頃）
藍：午後10時半～午前1時半（0時頃）
水色：午前1時半～4時半（午前3時頃）

たとえば、夜更かしの生活が続くと、本来、体液を解毒したり、休息をとり「気」を養ったりする水色や藍の時間帯に起きているので、それらが十分機能せず、ぜんそくなどの気管支関係の疾患や冷え、むくみ、疲れとなってあらわれる、ということがいえると考えています。

一方、午後３時〜6時の「オレンジと赤」は、体がもっとも活動的になり、昼食べたものが血やエネルギーになる時間帯。もし十分な食事をとっていないと、貧血や“ガス欠”を起こしやすくなります。３時のおやつというのは理にかなっていて、不足しそうなエネルギーをこの時間帯に補充することで、活動を維持する目的があると思っています。

このように、色は、日々の生活サイクルの中での理想とする過ごし方ともマッチしていると考えられるのです。

自然のチカラで心身を癒す

そして今回は、それぞれの不調に対する一般的なアドバイスとともに、アロマとハーブ、バッチフラワー※、漢方についても紹介しました。この中で、バッチフラワーというのは少々聞き慣れない言葉かもしれません。

バッチフラワーとは、花びらを水にひたして得られるレメディと呼ばれるエッセンスを使ったケアのことで、英国の医師エドワード・バッチ博士が開発した民間療法の一種です。ストレスやパニックといった精神的なトラブルに対して使われています。

現在、数十種類ものレメディがあり、それぞれ期待できる効果が違うのですが、基本的にストレスやパニック症状をは

※『バッチの花療法――その理論と実際』メヒトヒルト・シェファー著　林サオダ訳（フレグランスジャーナル社）を参考にさせていただきました。

Clinical chakra

クリニカル・チャクラと色と人体

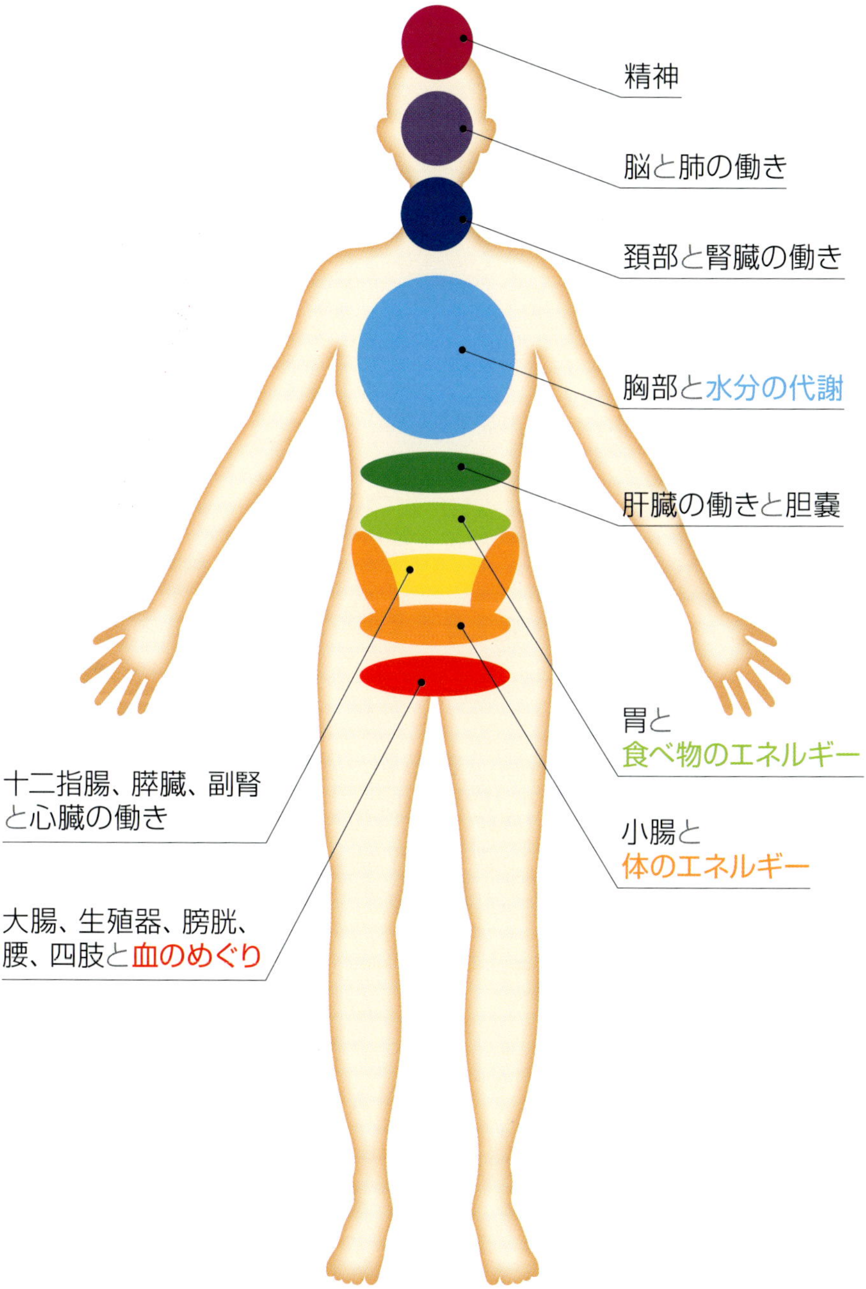

1日の過ごし方

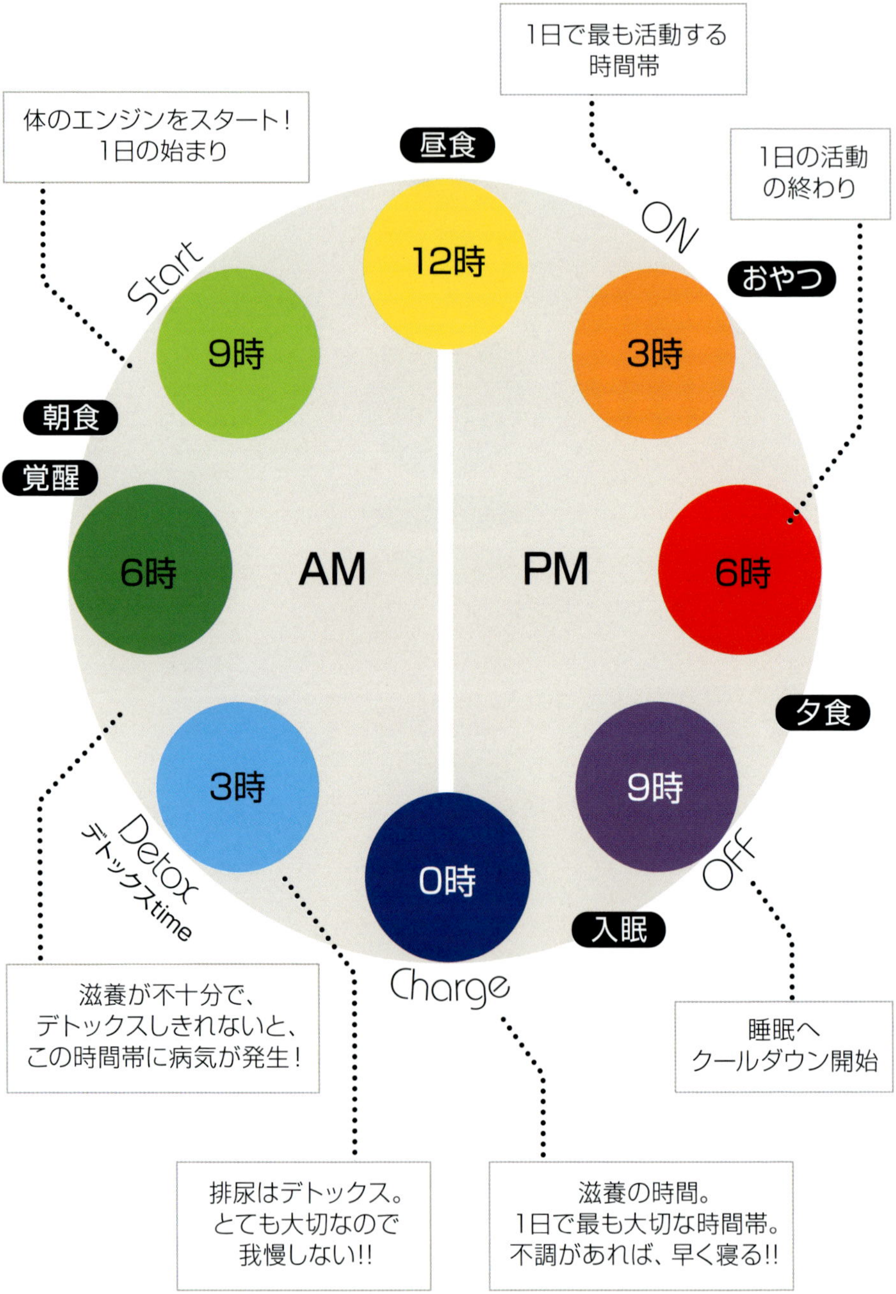

1日で最も活動する
時間帯
体のエンジンをスタート！
1日の始まり
昼食
1日の活動
の終わり
ON
おやつ
12時
Start
9時
3時
朝食
覚醒
6時
AM
PM
6時
夕食
3時
9時
Detox
デトックスtime
0時
OFF
入眠
Charge
滋養が不十分で、
デトックスしきれないと、
この時間帯に病気が発生！
睡眠へ
クールダウン開始
排尿はデトックス。
とても大切なので
我慢しない!!
滋養の時間。
1日で最も大切な時間帯。
不調があれば、早く寝る!!

じめとした、メンタル面でのトラブルに対して使われます。なお、レメディはアロマやハーブとは違い、無味無臭なのが特徴です。

漢方のうち、エキス剤は保険適用となっており、医師の診断のもと処方されることになっています。ですので、第４章で紹介したものはあくまで参考程度にとどめ、かかりつけ医の診察を受けるようにしてください。

香りと色との関係は、細かく取り上げると難しくなってしまうので、ここでは概略のみにしますが、各香りの主成分の原料をたどって得られた色にあてはめると、まさにその色の健康上のウィークポイントを癒す香りに適していることがわかってきました。

基本的には、香りは自分の好きなものを利用するのが一番良いと考えていますが、本書で紹介したアロマやハーブも参考になればと思っています。

人生と色

さて、私はこの章のはじめの方で、四季を色にたとえることができるとお話しました。繰り返しになりますが、緑、黄緑、黄色は「春」、黄色、オレンジ、赤は「夏」、赤、紫、紺（藍）は「秋」、紺（藍）、水色（青）、緑は「冬」といったようにに、です。

これと同じように、人生も色にたとえることができます。昔から、若い時期を「青春」、壮年〜中年期を「朱夏」、中年〜老年期を「白秋」、老年期を「玄冬」といいます。

これは中国の陰陽五行説をもとにしており、青春＝青（水色）、朱夏＝赤、白秋＝白、玄冬＝黒、と色に置き換えることができます。

いうなれば、若いうちは夢と希望をもってまい進し、壮年期は持てる力を存分に発揮し、中年期からは自分にできる最高のものを求めて集大成に入り、老年期はそれまでの実績を「生きる力」に変え最期まで充実した人生を送る、といったところでしょうか。

このように、私たちは人生という大きなサイクルの中で生きており、「それぞれを象徴する色」にも影響を受けているのです。

若いときには明るいパステル調の色が好きだったけれど、壮年期にはビビッドな色に惹かれ、歳を重ねるにつれて深みのある色が好きになる、という心境の変化も、人生を色にたとえることができる一つのあらわれだと思います。

ですから、プロローグでも述べましたが、好きな色は一生同じということはまずなく、多くは年齢とともに変化していくものなのです。今は水色が好きだけれど、10年後には緑になっているかもしれません。さらに10年後には紺になっているかもしれません。

「自分はずっとこうだ」と決め付けず、今の自分を知る、というつもりで本書を活用していただければ本望ですし、ほかの色のことも知っておけば、自分に何らかの環境や心境の変化が生じたときに、どんな風に変化したかを、そのとき好きな色を手がかりに知ることもできます。

好きな色は充実した人生のパートナー

自分のことがわかり、人との関係性もわかれば、その中で心地よく、心身とも充実させながら過ごすすべはおのずと見えてくるでしょうし、本書でもアドバイスの形であらわしています。それを実践し続けていけば、心身を健康に保つという私の医師としての大きな命題につながっていくものと考えています。

自分のことがわからずに、ただ不調や病気だけを見て、そこだけを治そうとしてもなかなかうまくいかないものです。対症療法にとどまり、根本的な解決にはつながらないことがほとんどです。

仕事や勉強法にしても、自分の得意・不得意や傾向がわからないまま、うまくいかないことだけを何とかしようとしても、どうしていいかわからなかったり、暗中模索に陥ったりしがちです。

まずは自分を知ることが大事で、その手掛かりとして「好きな色」という、老若男女誰でもすぐ答えられるものを利用しない手はありません。

その結果、日々の行動に自信がもてるようになり、良い結果も出て、充実したものになれば、それも間違いなく、心身の健康につながっていくことでしょう。
「好きな色」はそのとき発している「ココロとカラダからの自然の声」と解釈することもできます。

現代社会において人は、何かと時間に追われ、また受け身になりやすく、「自分は本当はどうしたいのか」ということや「自分の今の状態はどうなんだろう」と見つめることがおろそかになりがちです。

それが積もり積もって心身への多大なストレスとなったり、病気の芽を見つけられずにおおごとになってから慌てたり、ということになってしまうのだと思います。

「ココロとカラダからの自然の声」にいつも耳を傾けるという習慣を身につければ、ストレスをためこむこともなく、不調に対しても軽いうちに手を打てるようになり、何より、周りに流されることのない、「自分らしさ」を大切にできるのではないでしょうか。

ぜひこれからも、色と健康、色と性格、そしてライフスタイルの関係を気にしてみてください。

好きな色は、人生を充実させるための、あなたのパートナーなのですから。

おわりに

この複雑な社会を楽しく、明るく乗り切るための手段として、「好きな色」をテーマにした本書の内容は、簡単明瞭で現代にマッチした方法だと思っています。

「十人十色」といいますが、好きな色は人それぞれです。しかもその色が体調や、時期によって変わってゆくことは本書を読み終えた方にはよく分かっていただけたことと思います。この、色に関する感覚は、誰もが持っている一種の「共感覚」だともいえるでしょう。そして、それは私たち人間の中に、まだ「自然」が残っている証拠なのではないかと思うのです。

私たちは文明の進化とともに、命を守るために備わっていた本能を捨ててゆきました。動物のような鋭い視覚や、敏感な聴覚、繊細な嗅覚がありません。

しかも動物は、誰に教えられることもなく、自分を治してくれる薬草を探し出すことさえもできるのです。

しかし、人間には、特に現代人には残念ながらその能力がありません。人間は心身の不調におちいった時、医学という科学の理論に頼らざるをえなくなってしまいました。

その傾向は皮肉にも、医学や現代文明の進化とともに強まってしまっているといえます。

IT産業が社会の中で重きを占めるようになった今、膨大な情報を全世界で共有できるようになってきた一方で、ヴァーチャルワールドの出現によるストレスが、多くの人たちの心身を蝕み始めています。

キレやすい、DV、うつ病、自殺者の増加などは、人生や生命に対する価値観がこれらの悪影響により希薄になってきてしまったためではないでしょうか。それは、私たちが、どんどん自然から切り離され、本能が希薄化してゆくなかでの当然の結果ともいえます。

でも、薄れてゆきつつある私たちの本能ですが、決してなくなってしまったわけではありません。使われなくなって、ホコリをかぶっているだけかもしれないのです。

私たちは今でも、美味しいものを食べれば、「美味し～い」と感じるし、果物のよい香りをかげばゆったりとした気分に浸れますし、いい音楽に聴き入れば涙も流れます。

そして、自分の好きな色によって、励まされたり、明るい気持ちになったり、希望がわいてきたりするのです。

本書では、色が発するさまざまなメッセージについて述べてきました。色というのは、同じであっても受け取る人によって、まったく違ったメッセージを発信してくれます。それだけ多くのメッセージが込められているのです。

みなさんも本書をきっかけにして、今まで気づかなかった色の発するメッセージをくみ取れるようになってほしいと思います。この本で、少しでも社会が明るく楽しくなればと願っています。

お昼休み、診察室にて記す　春田　博之

色《いろ》に聞《き》けば、自分《じぶん》がわかる

2010年 7 月14日　初版第 1 刷
2017年 4 月 4 日　　　第 3 刷

著　者 ―――― 春《はる》田《た》博之《ひろゆき》
発行者 ―――― 坂本桂一
発行所 ―――― 現代書林
〒162-0053　東京都新宿区原町3-61　桂ビル
TEL／代表　03(3205)8384
振替00140-7-42905
http://www.gendaishorin.co.jp/
カバーデザイン ―――― 佐藤ゆかり

印刷・製本：広研印刷㈱
乱丁・落丁本はお取り替えいたします。
定価はカバーに表示してあります。

ISBN978-4-7745-1266-2　C0011